David Steindl-Rast

Einfach leben – dankbar leben

David Steindl-Rast

Einfach leben – dankbar leben

365 Inspirationen

Herausgegeben von Rudolf Walter

HERDER

FREIBURG · BASEL · WIEN

Nähere Informationen und Kontakte zum spirituellen Impuls der Dankbarkeit im Geist von Br. David Steindl-Rast bieten das Europäische Netzwerk „Dankbar Leben“ und die Webseiten www.dankbar-leben.org sowie www.dankbarkeit.org

FSC
www.fsc.org
MIX
Papier aus verantwortungsvollen Quellen
FSC® C014496

3. Auflage 2018

www.herder.de

Umschlaggestaltung:
Gestaltungssaal München, Sabine Hanel
Umschlagmotiv: Getty Images

Satz: Barbara Herrmann, Freiburg
Herstellung: GGP Media GmbH, Pößneck

Printed in Germany

ISBN: 978-3-451-00548-0

Inhalt

DANKBAR LEBEN

Vorwort

Kinder können sich immer wieder neu daran freuen, am Rand von blühenden Wiesen aus Blumen und Gräsern Ketten und kleine Kränze zu winden. Stunden sonniger Tage, die wir so verspielten und verträumten, gehören zu unseren freudigsten Kindheitserinnerungen. Aber auch später im Leben verlieren wir eigentlich nie diese Freude am Aneinanderreihen von Gleich an Gleich mit kleinen Veränderungen. „Thema mit Variationen" bleibt eine Grundstruktur, nicht nur der Kunst und Ästhetik, sondern ganz allgemein der Lebenskunst. Täglich immer nur das Gleiche? Dessen werden wir bald überdrüssig. Jeden Tag etwas Anderes?
Das verwirrt uns. Aber täglich das Gleiche, und doch niemals ganz genau gleich – davon wird unser Herz nie satt.

Dieses Büchlein – eine „Blumenlese" hätte man es wohl im 19. Jahrhundert genannt – ist so eine spielerische Aufreihung, nicht von Wiesenblumen, sondern von Zitaten, eine Abwandlung in immer neuen Variationen; und das Thema heißt: Dankbarkeit.

Sind Kinder eigentlich dankbar? *„Freude* ist die Dankbarkeit der Kinder," heißt es. Die kleinen Wildfänge zeigen uns einfach durch ihre Freude, dass sie dankbar sind, lange bevor sie lernen, artig „Danke!" zu sagen. Und auch später noch bleibt Freude immer das Kennzeichen echter Dankbarkeit. Die Freudigkeit, die damit gemeint ist, geht weit hinaus über Glück; sie ist das Glücklichsein, das nicht davon abhängt, ob uns etwas glückt.

Kennen wir nicht Menschen, denen alles geschenkt ist, was glücklich machen könnte, die aber doch freudlos bleiben? Und kennen wir nicht auch Menschen, die Freude ausstrahlen, obwohl ihnen vieles, vieles fehlt? Was haben diese den anderen voraus? Dankbarkeit, lautet die Antwort.

Was aber dankbare Menschen dankbar macht, was also eigentlich Dankbarkeit auslöst, ist nicht das Gegebene, das wir *entgegen*nehmen, sondern die Gelegenheit, die wir *wahr*nehmen. Was uns geschenkt wird, macht uns erst dadurch dankbar, dass wir die Gelegenheit wahrnehmen, uns daran zu freuen. Das entscheidende Wort für dankbares Leben heißt: Gelegenheit.

Meist bietet der Augenblick uns Gelegenheit, uns zu freuen. Wie oft wir einfach genießen dürfen, was uns jetzt geschenkt ist, bemerken wir erst, wenn wir beginnen, aufzuwachen zu dankbarem Leben. Und je dankbarer wir leben, umso mehr Gelegenheit zur Dankbarkeit entdecken wir. Freilich, manchmal stößt uns etwas zu, wofür niemand dankbar sein kann. Wer kann dankbar sein für Verletzung, Untreue, oder Betrug; für Fremdenhass, Ausbeutung, Krieg? Nein, wir können nicht *für alles* dankbar sein – doch aber *in jedem Augenblick.* Auch Widerwärtigkeiten geben uns Gelegenheit – etwa die Gelegenheit Geduld zu lernen, Erfahrung zu sammeln, oder uns in tapferem Widerstand zu üben. Für diese Gelegenheiten können wir uns dankbar erweisen indem wir sie wahrnehmen (was für ein schönes Wort!) und sie nutzen.

Wir müssen also zunächst innehalten, sonst eilen wir in unserer gewohnten Hast an der Gelegenheit vorbei. Das tun ja auch die Kinder; sie halten inne, wenn sie am Feldweg haltmachen, wenn sie sich am Wiesenrain ins Gras setzen, wenn sie Blume um Blume still in ihren Händen halten und sie betrachten, um sie dann an die rechte Stelle zu stecken. Mit diesem Innehalten, Schauen und Tun bewegen sich unsere Kränzchenbinder auf der Alpenwiese im selben Dreischritt, der Kindern in New York eingeschärft wird, wenn sie lernen, allein die Strasse zu überqueren: *„Stop! Look! Go!“*

„Stop! Look! Go!“ das ist der Dreischritt der Dankbarkeit. *Halt inne*, sonst läufst du an der Gelegenheit vorbei, die sich dir hier und jetzt bietet. *Schau genau hin*, damit du die Gelegenheit erspähst. Und – ebenso wichtig wie die beiden anderen – *tu etwas*, pack die Gelegenheit beim Schopf (was nutzt sie dir denn sonst?). Gesunde Kinder üben diesen Dreischritt oft ganz spontan, nicht nur beim Spiel mit Blumen. Sie halten inne, öffnen wach alle Sinne und antworten auf das Gegebene durch ihr Tun – auch wenn das Tun einfach darin besteht, sich in Lebensfreude zu üben. Aber auch als Erwachsene müssen wir weiterüben, weiterlernen. Unsere Kindheit ist zu kurz; sie gibt uns nicht Zeit genug, das Kind zu werden, das wir sind; dazu brauchen wir ein Leben lang.

Zum Üben soll dieses Buch dienen. Die kurzen Texte laden dazu ein, immer wieder einmal – vielleicht sogar täglich – innezuhalten, einen von ihnen besinnlich zu lesen, und, was es in uns anregt, in die Tat umzusetzen. Stellen wir uns also beim Lesen vor, dass wir als Kinder am Wiesenrain sitzen und Blumen aufreihen. Bei jeder einzelnen halten wir inne, schauen sie aufmerksam an, und tun dann mit ihr, was sie sich selber zu wünschen scheint – fügen sie dort ins Ganze ein, wo sie passt.

Aus unserem täglichen Leben einen Blumenkranz winden? Vielleicht kein schlechtes Bild für das, worum es letztlich geht. Ja, möge dieses Büchlein allen, die darin lesen, behilflich sein, Geschenke des Lebens aneinander zu fügen, so, wie Kinder Blumen – auch unansehnliche, dürftige, manchmal dornige – zu Kranz und Kette winden in Freude und Dankbarkeit.

29. Oktober 2013 *David Steindl-Rast OSB*
Europakloster Gut Aich, St. Gilgen

Januar

An dem Tag,
an dem wir bewusst „Danke“ sagen,
haben wir den Zauberstab gewonnen,
der alles verwandeln kann.
Omraam Mikhael Aivanhov

1 Der Sonnenaufgang kommt unaufgefordert und kann uns daran erinnern, dass jeder Tag ein Geschenk ist. Nicht wir führen ihn herbei. Das Licht wird uns gegeben.

2 Haben wir nicht Augen, die wir im Morgenlicht öffnen können?
Haben wir nicht Ohren, um auf Geräusche zu hören, und Füße, um zu gehen, und Lungen, um zu atmen? Was für Geschenke!
Sollten wir nicht dankbar sein und uns an ihnen erfreuen?

3 Wir denken, Menschen seien dankbar, weil sie glücklich sind. Aber stimmt das denn auch? Wenn wir genauer hinsehen, werden wir feststellen, dass Menschen glücklich sind, weil sie dankbar sind.

4 Dankbare Menschen entdecken überall Geschenke. Sie können mit dem Herzen sehen. Das Geschenk in jedem Geschenk ist die Gelegenheit, sich am gegebenen Zeitpunkt zu freuen oder aufzustehen, um etwas zur Veränderung zu unternehmen oder anzunehmen, was nicht zu ändern ist, gleichgültig, wie schwierig, gleichgültig, wie unwillkommen es auch sein mag: Dann wird die Dankbarkeit selbst zur Quelle unseres Glücks.

5 Jeden Morgen wird die Welt neu geboren und bringt uns eine Zeit voller neuer Gelegenheiten. Auch wenn die Schwierigkeiten dieselben sind wie gestern, so können wir sie doch ganz neu anpacken. Diese erfrischende Haltung, Dinge immer wieder neu zu betrachten, nennen buddhistische Mönche „Anfängergeist".

6 Wenn wir aufwachen, können wir uns freuen, dass wir sehen können, während 42 Millionen in der Welt blind sind, meist aus Unterernäherung. Wir können aufstehen, können uns anziehen, haben klares und reines Wasser und etwas zu essen. All diese Freude wird uns geschenkt. Die Gelegenheit ist das Geschenk. Da, in diesem Aufwachen, wurzelt Spiritualtität.

7 Bewusst beginnen: Jeder bewusste Anfang beginnt mit einem Innehalten, auch wenn es nur für den Bruchteil einer Sekunde ist. Tun wir das nicht, werden wir einfach mitgerissen, wie dies nur allzu oft vorkommt.

8 Ich bin Schöpfer eines jeden neuen Tages. Mir ist Gelegenheit gegeben, alles in diesem neuen Licht zu betrachten, und als der einmalige Mensch, der ich bin, dies zu würdigen und darauf zu antworten.

9 Richte das Augenmerk auf einen angemessenen Beginn. Es ist wesentlich, dass die Anforderungen und Beschäftigungen des Tages aus ganzem Herzen und mit Begeisterung angegangen werden.

10 Ein Tagtraum, eine zufällig aufgefangene Bemerkung, ein flüchtiger Gedanke, der uns durch den Kopf geht, wenn wir an der Kasse eines Supermarktes Schlange stehen, könnte die Botschaft eines Engels sein, die wie eine Sternschnuppe am Nachthimmel vorbeizieht. Es ist Zeit aufzuwachen.

11 Das kleine Wort „Gelegenheit" verlangt Achtsamkeit, es beschreibt das Tor zur Aktivität und macht die Dankbarkeit zu etwas sehr Schöpferischem.

12 Wir achten nie genug auf die vielen Gelegenheiten, die wir täglich erhalten, einfach um uns zu freuen: an der Sonne, die durch die Bäume scheint, über den Tau, der auf einer eben aufgegangenen Blume glitzert, am Lächeln eines Säuglings oder über eine lang erwartete Umarmung. Oft gehen wir wie im Schlaf durchs Leben, bis etwas kommt, an dem wir keine Freude haben: Erst dann werden wir wachgerüttelt.

13 Wir erfahren alles, was es gibt, selbst unser eigenes Dasein, als uns geschenkt. ES *gibt* Galaxien, und ES *gibt* Moleküle, und ES *gibt* mich. Und dieses Es, von dem uns alles geschenkt wird, was ES *gibt*, schwingt mit, wenn wir im Credo Gott *Schöpfer* nennen.

14 Alles, was das Leben uns schenkt, ist gut, wenn wir die Gelegenheit ergreifen und etwas aus ihr machen.

15 Wenn wir lernen, die zahllosen Gelegenheiten wahrzunehmen, die uns Grund geben zur Freude am Geschenk des Lebendigseins, dann sind wir vorbereitet, wenn die Zeit kommt, die etwas Schwieriges von uns verlangt. Dann werden wir auch in dieser Herausforderung eine Gelegenheit erkennen und ihr dankbar gerecht werden.

16 Natürlich sind wir nicht *für alles* dankbar. Aber alles kann eine *Gelegenheit* für Dankbarkeit werden.

17 Wir können nicht dankbar sein, weil etwas misslingt. Aber wir können dankbar sein für die Gelegenheit, daraus etwas zu lernen: Geduld zum Beispiel. Oder Aufmerksamkeit. Und natürlich können wir für Krieg, Ausbeutung oder Hunger in der Welt nicht dankbar sein. Aber wir können – wenn wir damit konfrontiert werden –, dankbar sein für die Gelegenheit, etwas dagegen zu *tun*, damit eine schwierige Situation nicht nur ausweglos ist.

18 In jeder Situation kann man dankbar sein: Wertschätzung, Bewusstsein, Staunen: All das wird mir geschenkt. Wer seine Aufmerksamkeit übt, wird das finden.

19 Es gibt vieles in der Welt heute, das wir ändern müssen, aber wir können es nur ändern, wenn wir es zunächst annehmen, als gegeben hinnehmen und es dann aus dieser Haltung heraus verändern. Das ist etwas ganz anderes als es ständig nur zurückzuweisen.

20 Auch das Negative gibt uns Gelegenheit: zu wachsen und zu lernen.

21 Dankbares Leben ist ein Weg zum Heilwerden der Welt.

22 Uns dem gegebenen Augenblick öffnen, ist Dankbarkeit und schenkt uns auch im Schmerz Frieden und Freude.

23 99 % der Zeit wird uns etwas geschenkt, über das wir uns freuen und das wir genießen können. Also: Nichts als gegeben hinnehmen, sondern erwachen zu dieser neuen Sicht der Wirklichkeit.

24 Wenn uns die Tatsache dämmert, dass alles ein Geschenk ist, dann wird Dankbarkeit selbstverständlich, und alles, was geschieht, zur Gelegenheit, um auf das Leben, das uns geschenkt ist, entsprechend zu antworten.

25 Spiritualität hat mit Lebendigkeit zu tun. Wann fühlen wir uns lebendig? Einige fühlen sich am Morgen weniger lebendig als später am Tag, andere sind schon am Morgen lebendig und treiben andere die Wände hoch mit ihrer Lebendigkeit, und wieder andere wachen allmählich auf.

26 Je wacher wir werden gegenüber dem Segen, der in uns hineinfliesst durch alles, das wir berühren, desto mehr wird unsere eigene Berührung Segen bringen.

27 Wir haben ein Recht, uns hier in diesem Universum zu Hause zu fühlen. Es wurde wundervoll erschaffen, um menschliches Leben gastlich aufzunehmen. Die Welt, wie Gott sie erdachte: ein Ort, an dem wir daheim sind und uns als Mitschöpfer betätigen.

28 Letztlich haben wir die Wahl, im Urvertrauen zu leben und das Universum als das Zuhause anzusehen, das Gott für uns geschaffen hat, oder in Angst und Misstrauen zu leben. Wir müssen uns entscheiden. Das ist die wichtigste Entscheidung, die wir jeden Tag, den wir verleben, zu treffen haben. Wenn wir vertrauen, sind wir in Frieden; wenn nicht, werden wir es nie sein.

29 Nur indem ich etwas übe, wird es zur Haltung. Am besten ist, man schreibt ein Tagebuch und notiert regelmäßig, wofür man dankbar sein darf. Man wird viel offener in den nächsten Tag gehen und bewusster leben.

30 Was macht *Dich* dankbar? Übst Du Dich in Dankbarkeit, wie man sich eigentlich in etwas üben sollte, das die Lebensqualität so unfehlbar und mühelos erhöht? Pflegst Du Stille? Suchst Du in Deinem Alltag die Pausen, um ein paar Minuten einfach still zu werden?

31 Gebet am Morgen: Gott, schenke mir die Stärke, sanft zu sein, und genug Ruhe, um stark zu sein. Schenke mir Deine Liebe, die mich stärker macht als der Tod, so dass ich mit dieser Liebe die Sanftheit erreiche, deren Berührung Schwierigkeiten auflöst.

Februar

Die Einfachheit ist der Schlüssel
zum Augenblick.
Sie verschafft Zugang zu den wunderbarsten
Reichtümern.
Drukpa Rinpoche

1 Genau der jetzige Augenblick kann der Beginn eines neuen Lebens sein.

2 Wenn du morgens den Bus nimmst oder dich ins Auto setzt, während es noch dunkel ist, dann beginn gar nicht erst damit, dir Sorgen über den kommenden Tag zu machen. Achte nur auf den Augenblick, wenn das Licht aus der Dunkelheit steigt: „Mir wird ein neuer Tag gegeben."

3 Das Leben ist uns gegeben; jeder Augenblick ist uns gegeben. Dafür ist Dankbarkeit die einzige passende Antwort.

4 Die rückhaltlose Aufgeschlossenheit für das Geschenk des gegenwärtigen Augenblicks inspiriert uns zum Hinschauen und Überlegen, was wir tun können, so wenig es auch sein mag. Wenn genügend Menschen fragen: „Was können wir tun?“, dann werden wir Lösungen für unsere dringendsten Probleme finden.

5 In jedem Augenblick wird alles, was es gibt, uns neu geschenkt, und wir können es in Dank verwandeln. Das Wesen göttlicher Schöpfung ist Geschenk, das Wesen menschlicher Schöpfung ist Dankbarkeit. Durch diesen Austausch nehmen wir teil am göttlichen Leben selbst.

6 Die liebevolle Antwort auf die Aufforderung eines jeden Augenblicks befreit uns aus der Tretmühle der Uhrzeit und öffnet eine Tür ins Jetzt.

7 Es ist von entscheidender Bedeutung für die Qualität unseres Lebens, dass wir jeden Tag mit bewusster Klarheit und in der besten Absicht beginnen.

8 „Jetzt" findet nicht innerhalb der chronologischen Zeit statt, sondern transzendiert sie. Hier kann Zeit nicht als etwas, das knapp wird, begriffen werden, sondern als etwas, das wie Wasser aus einer Quelle steigt und zu jener Fülle der Zeit anschwillt, die jetzt ist.

9 Wir leben im Jetzt, indem wir uns auf den Ruf eines jeden Augenblicks einstimmen, indem wir hören, was jede Stunde und jede Situation von uns verlangt, und indem wir darauf antworten.

10 Dankbarkeit besteht nicht nur darin, dass wir heute danke sagen. Viel wichtiger ist es stattdessen, dass wir dankbar handeln. Und alles, was wir tun, kann Dankbarkeit sein.

11 Unser Denken, unser Arbeiten, unser Forschen, unsere schöpferische Tätigkeit, unser Warten, alles kann als Dankbarkeit verstanden werden. Und nur wenn wir dankbar handeln, verstehen wir wirklich. Und alles was wir tun, kann zu einem Verstehen des tiefsten Geheimnisses werden.

12 Handeln heißt: Etwas aus einer Gelegenheit *machen*. Sie nutzen, um dem Leben zu dienen.

13 Unser wahres Glück, unser unverlierbares Glück besteht darin, im gegebenen Augenblick völlig da zu sein. „Zum Augenblicke möcht ich sagen, verweile doch, du bist so schön", so hat Goethe das im Faust formuliert, weil eben wahres Glück nur da ist, wenn wir im Augenblick sind.

14 Wenn wir nach innen schauen, sehen wir: Das Glück ist nicht irgendwo vor uns, es ist schon da. Dem Glück nachjagen, das ist so wie wenn jemand seinem eigenen Schatten nachjagen wollte. Im Augenblick, wo wir stehen bleiben, bleibt auch der Schatten stehen. Die Freude ist unser eigentliches Wesen. Sie ist immer da, nur wir sind nicht da.

15 Wenn die Zukunft kommen wird, wird sie als das *Jetzt* kommen. Die Zukunft ist auch das *Jetzt*. Und wenn wir uns an die Vergangenheit erinnern, erinnern wir uns an ein *Jetzt*. *Jetzt* ist immer JETZT. Es gibt in der deutschen Sprache keine *Jetzte*.

16 Achtsam sein auf die Zeit: Auch heute noch – inmitten unserer voll gepackten Geschäftstermine – können wir feststellen, dass die Zeit vor der Morgendämmerung, die frühen Morgenstunden, der Vormittag und die Mittagszeit eine eigene Qualität haben. Die Zeit mitten am Nachmittag, wenn die Schatten länger werden, hat einen anderen Charakter als die Zeit der Abenddämmerung, wenn wir das Licht einschalten.

17 Das Gegenteil von Freude ist nicht die Traurigkeit, sondern die Faulheit, welche die Mühe scheut, auf den geschenkten Augenblick voll und ganz zu antworten, und die Trübsinnigkeit, die der Faulheit entspringt.

18 Wahre Freude finden wir erst, wenn wir uns aus ganzem Herzen auf die Gelegenheit einlassen, die uns gerade jetzt geschenkt ist. Nur in dieser Hingabe finden wir wahre Freude und beständiges Glück, unabhängig davon, was sonst geschieht.

19 Nimmst Du Dir manchmal Zeit, zu unterbrechen was immer Du tust, und tief zu atmen? Die Welt braucht unser bewusstes Bemühen, immer wieder aus der Zeit ins Jetzt zurückzukommen und uns in jungfräulicher Empfänglichkeit dem Heiligen Geist zu öffnen.

20 Selbst wenn wir uns das noch nicht voll bewusst gemacht haben, so sehnen wir uns ja vor allem nach einem Leben, das über den Tod hinaus geht – nicht der Zeit nach, sondern essentiell, seinem Wesen nach. Heute schon können wir über die Zeit – und so über den Tod – hinausgehen in dem Ausmaß, in dem wir im Jetzt leben.

21 T.S. Eliot sagt: All is always now. Alles ist immer Jetzt. Das Selbst und Jetzt zu finden, ist unsere große Aufgabe, die Aufgabe jeder spirituellen Praxis. Das ist der Weg zum Heilsein, zum Heilwerden der Welt.

22 Frage dich jeden Morgen: Was kann ich tun, um das Leben gesünder zu machen, meine eigene Gesundheit zu fördern, eine gesunde Gesellschaft wachsen zu lassen?

23 All jene, die sich vorwärts bewegen, sind auf dem Weg. Das aber heißt, um auf dem Weg zu sein, muss man mit jedem Schritt voran den Weg hinter sich lassen.

24 Was in jedem Augenblick von uns verlangt wird, ist doch ganz einfach. Wir lernen es schon als Kinder beim Überqueren der Straße: „Anhalten – schauen – gehen!“ Nur wer still hält, sieht, was zu tun ist – hier und jetzt – und nur wer klar sieht, kann hilfreich handeln.

25 Es hilft uns nicht, anzuhalten wenn wir nicht hinschauen, und es nützt nichts, anzuhalten und hinzuschauen, wenn wir nicht auch gehen. Schlussendlich müssen wir handeln. Diese drei Schritte gehören zusammen.

26 Wir dürfen nicht von den Religionen erwarten, dass wir in sie wie in eine Eisenbahn einsteigen und sie uns von selbst an ein ersehntes Ziel hinfahren. Statt bewegt zu werden, müssen wir uns selbst bewegen.

27 Im Jetzt zu sein heißt, die Illusion von unserem kleinen Ego aufzulösen. Und das ist das Ziel aller Übungen!

28 Gott hat uns vergeben, bevor wir überhaupt je Fehler begingen. Wir brauchen nur diese Vergebung anzunehmen und uns selbst zu vergeben, um einen völlig neuen Anfang zu machen.

März

Wenn der Frühling kommt
Feiern Tausende von Blumen
Und der goldene Vogel singt
Im grünen Weidenbaum.
Chinesisches Zengedicht

1 Mögen wir nie die verkrüppelten, windgepeitschten Bäume vergessen, wie auch sie knospen, grünen und blühen. Mögen auch wir den Mut haben zu blühen, da, wo wir hingepflanzt sind.

2 Eine einzige Krokusblüte sollte genug sein, um unser Herz zu überzeugen, dass der Frühling, egal wie vorhersehbar, irgendwie ein Geschenk, gratis, eine Gnade ist.

3 Im Garten sein: Der Garten lehrt uns täglich, dass das Leben ein Kreislauf aus Keimung, Geburt, Wachstum, Blüte, Frucht, Vergehen, Sterben und neuerlicher Keimung in der Dunkelheit des Winters ist.

4 Der Buddha sagt: „Wenn wir das Wunder einer einzigen Blume erkennen könnten,
würde sich unser ganzes Leben verändern."

5 Wenn wir aus ganzem Herzen leben, fliesst Sinn in unser Leben.

6 Sinn findet man nicht wie Blaubeeren auf einer Waldlichtung – als etwas, das man mit nach Hause nehmen und im Einweckglas aufbewahren kann. Sinn ist immer etwas Frisches.

7 Es mag vorkommen, dass wir, von Schönheit hingerissen, unter blühenden Kirschbäumen stehen, dass uns die Wahrheit, die aus einem Rilkegedicht spricht, wie ein Hammerschlag trifft, oder dass uns vor dem Fernsehschirm der aufopfernde Mut von Feuerwehrleuten ans Herz greift, und plötzlich lässt uns das Bewusstsein erschaudern, dass das Schöne, das Wahre und das Gute unvergänglich sind und dass unser eigenes Sein daran Anteil hat.

8 Recht verstanden ist Spiritualität Lebendigkeit, und Lebendigkeit ist spirituell. Schon das Wort sagt es: *Spiritus* ist Lebensatem, Lebendigkeit. Spiritualität ist Lebendigkeit auf allen Gebieten, immer höhere Lebendigkeit.

9 Wenn wir alles, was uns begegnet, als Geschenk erkennen und nicht einfach als gegeben hinnehmen, wachen wir auf zu einer neuen Lebendigkeit.

10 In Augenblicken glühendster Lebendigkeit wird uns bewusst, dass wir inmitten allen Wandels etwas in uns kennen, das Bestand hat: Wir haben Anteil am Sein. In solchen Augenblicken wird uns klar, dass unser eigenes Sein am Einen, Schönen, Guten und Wahren Anteil hat und daher unzerstörbar ist, so wie diese höchsten Werte es sind.

11 Wir „leben, bewegen uns und sind", indem wir an Gottes Leben teilhaben. Letztendlich ist alles Leben alte ursprüngliche Energie, die das Universum in Gang hält. Diese Lebendigkeit fließt als ein Segen in uns hinein und will als Segen aus uns zu andern fließen.

12 Der ursprüngliche Segen ist Leben, ist Atem, ist Geist. Für uns Menschen heißt das immer mehr als bloß Vitalität. Es bedeutet ein Mehr-als-lebendig-Sein, eine göttliche Vitalität, die unendlich intensiver ist als das Leben der Natur, das wir rings um uns herum sehen.

13 Dass wir am Jetzt teilnehmen, und so über die Zeit hinausgehen können, setzt ewiges Leben voraus. Wir sollten diesen Segen nicht als selbstverständlich hinnehmen. Alles hängt davon ab, dass wir uns seiner bewusst werden und ihn weitergeben.

14 Was für ein Geschenk, jeden Morgen irgend einem Teil der Natur zu begegnen. Vielleicht haben wir gar nie richtig darauf geachtet: auf den Morgenhimmel, auf wiegende Bäume im Wind, auf singende Vögel, oder auf Blumen, die soeben erblühen.

15 Je besser wir lernen, im Jetzt zu leben, umso lebendiger werden wir. Das kann jeder durch seine eigene Erfahrung überprüfen.

16 Die Natur ist einfach da; sie hat keinen unmittelbaren Nutzen. Sie ist ein reines Geschenk der Schönheit und des Lebens. Gerard Manley Hopkins sagt: „Tief drinnen in den Dingen lebt die kostbarste Frische." Und diese ursprüngliche Frische wird jeden Morgen erneuert.

17 Je mehr der nervenzerrüttende Lärm unserer Städte in unseren Ohren gellt, umso mehr spüren wir die Lebensnotwendigkeit der Stille. Früher oder später dämmert uns, dass es nicht nur äußere, sondern vor allem innere Stille ist, nach der wir uns sehnen.

18 Nur Stille ermöglicht uns ein Wachen, das weit mehr ist als bloßes Wachsein. Wachen ist Hellhörigkeit, ein Hinhorchen, für das die Stille nicht nur Voraussetzung ist, sondern Inhalt. Wer wirklich wacht, horcht auf die Stille selbst – und schaudert.

19 Wir schaudern, weil alle, die auf Stille horchen, Gott hören. Wir schaudern, weil alle, die in Stille eintauchen, Gott angehören. Da solches Angehören immer gegenseitig ist, kann Rilke sich danach sehnen, in der Stille Gott zu „besitzen", wenn auch „nur ein Lächeln lang".

20 In dieser gegebenen Welt dankbar leben, heißt Sinn finden. Und in dem Maß, in dem wir Sinn finden, werden wir still. Dann fallen wir nicht mehr wie Hölderlins leidende Menschen
„blindlings von einer
Stunde zur andern,
wie Wasser von Klippe
zu Klippe geworfen, jahrlang ins
Ungewisse hinab."

21 Frühlingsanfang: Im eigentlichen Sinne meint eine Jahreszeit eine Stimmung, eine Erfahrung und keine genaue Zeitspanne, die etwa am 25. Dezember beginnt und am 21. März aufhört. Achten wir auf die Qualität des Lichts, die Länge des Tages oder darauf, wie sich die Luft auf unserer Haut anfühlt.

22 Spiritualität meint höchste Lebendigkeit: nicht in dem Sinn einer definierten höchsten Lebendigkeit, sondern eine Lebendigkeit, die viele Stufen hat, aber nicht begrenzt, sondern nach oben offen ist und immer weiter wachsen kann.

23 Die nichtphysische Dimension der Lebendigkeit hat keine Grenze der Steigerungsmöglichkeit.

24 Da „spiritus“ im Lateinischen Lebensatem heißt, ist Spiritualität unsere Lebendigkeit, die höchste Schwingungsfrequenz unseres Lebens sozusagen. Die ganze Bandbreite des Lebens in all seinen Formen und Graden ist ein Schwingungsganzes.

25 Wir können uns unsere Beziehung zum tiefsten Daseinsgrund – zu Gott, wenn wir das Wort verwenden wollen – als Erdung des Lebensstromes vorstellen.

26 Die Menschheit kann sich in Zukunft kein Gottesbild mehr leisten, das Menschen voneinander trennt. Die Vorstellung von einem Gott, den ein Abgrund von uns trennt, führt unvermeidlich zu Spaltungen, die uns Menschen voneinander trennen.

27 „Worum geht es im Leben?“ Wir finden die Antwort in einem unerschöpflichen Mehr an Liebe und Leben, an dem unser eigenes Lieben und Leben teilnimmt. Unsere geistige sowie unsere physische Gesundheit hängt davon ab, dass wir uns auf die Antworten zu diesen letzten Fragen einlassen – Antworten, die wir nicht in Worte fassen können.

28 Wir wissen es aus der eigenen Erfahrung: Unsere Lebendigkeit wächst mit der Vernetzung, in der wir stehen. Diese Vernetzung entspringt einem „Ja“ zur Zugehörigkeit.

29 Wenn wir ein existentielles „Ja“ zur Zugehörigkeit leben, ist das Liebe. Jede Liebe, Freundesliebe, romantische Liebe, Tierliebe, Liebe zur Natur, ist immer ein „Ja“ zur Zugehörigkeit. Paracelsus sagt: Das höchste Heilmittel ist Liebe. Wenn wir ganz vernetzt sind, mit anderen Menschen, mit der Natur, mit dem Universum, dann sind wir heil.

30 Heiles Leben enspringt dem uneingeschränkten Ja zur Zugehörigkeit. Es bezieht die Gesellschaft und die Umwelt mit ein. Alles hängt zusammen: Nur wenn auch Gesellschaft und Umwelt heil sind, kann auch mein Leben im vollen Sinn gesund sein.

31 Die höchste Kreativität in der Kunst besteht darin, denselben Impuls, der Iris und Schildkrötenpanzer und die Spiralgalaxie wachsen lässt, durch die Hände fliessen zu lassen.

April

Ohne die Dankbarkeit versinkt
meine Vergangenheit
ins Dunkle, ins Rätselhafte, ins Nichts.
Dietrich Bonhoeffer

1 An der Wurzel von allem, was Leben verfälscht oder vernichtet, ist die Angst. Warum haben wir Angst zu leben? Weil leben bedeutet, uns hinzugeben. Und wenn wir uns wirklich hingeben, wissen wir nie, was mit uns geschehen wird.

2 Nicht das Liebesgebot, sondern das „Fürchte dich nicht" ist das häufigste Gebot in der Bibel – in der Regel dann, wenn ein Engel erscheint. Das sagt er nicht, weil er ein Engel ist, vor dem man sich nicht fürchten soll, sondern weil er ein Bote und dies seine wichtigste Botschaft ist, und dann kommt noch etwas Anderes. „Fürchte dich nicht", sagt jeder Engel zuerst. Diese Furchtlosigkeit gehört zu unserem Glauben, zu unserer Verbundenheit dazu.

3 Wenn wir uns furchtlos etwas nähern, schwinden unsere Vorurteile.

4 Wir sollten bewusst fasten und all dem entsagen, was uns beschwert und uns nicht wirklich nährt.

5 Wenn man an einem Tag fastet oder weniger isst, freut man sich an dem Wenigen weit mehr, als an anderen Tagen an der vollen Speise.

6 Furchtlosigkeit und Offenheit gehen Hand in Hand.

7 Wenn wir in der Nachfolge Jesu leben – diesem kontemplativen Leben, welches den Blick ununterbrochen auf die Schau richtet und dann diese Schau täglich in die Tat umsetzt – werden wir unvermeidbar beim Kreuz enden.

8 Wir beten: Jetzt und in der Stunde unseres Todes. T.S. Eliot, der große englische Dichter, sagt: Die Stunde des Todes ist jeder Augenblick. Denn in jedem Augenblick kommt die Zeit zu Ende und das Jetzt bleibt.
Wenn wir also im Jetzt dankbar leben, dann gibt uns das eine ungeheure Freiheit.

9 Wenn wir zurückschauen auf unser Leben, werden wir feststellen: Kalamitäten, Zusammenbrüche wurden zum Ansatzpunkt und Ausgangspunkt für Neues, oft für das Beste in unserem Leben.

10 Je älter man wird, umso mehr wird einem bewusst, wie vergänglich alles ist. Und wenn wir die Vergänglichkeit von jedem Augenblick – von all dem, was uns in einem Augenblick geschenkt wird – wahrnehmen, dann wird es umso wertvoller.

11 Einfach einige Augenblicke lang innehalten und sich der Macht der Liebe öffnen, die das Universum in Gang hält. Ihr Wesen ist still sein und segnen, innehalten und danken. Halte also ein und segne. Halte ein und danke.

12 Nimm die Gaben deines Lebens freudig an, und teile sie mit anderen.

13 Jesus wollte sein Kreuz ebenso wenig, wie ich es will. Das Kreuz, das wir uns selber auswählen, ist nicht das wahre Kreuz. Was wir wählen, ist Gott treu zu bleiben, was es auch koste, und das „Kreuz“ bildet den Preis, den wir dafür bezahlen müssen.

14 Bevor die Christen Christen hießen, nannten sie sich „Menschen auf dem Weg". Von Jesus Christus sagten sie, er sei „der Weg". Und was Katharina von Siena (1347–1380) sagte, passt gut dazu, besonders im Hinblick auf die Himmelfahrt: „Der ganze *Weg zum* Himmel – *ist* Himmel" – selbst der Kreuzweg.

15 Die Heilung, die jene erfahren, die Jesus folgen, hat ihre Wurzeln in der Gemeinschaft mit Gott im eigenen Herzen.

16 Was sind die Erfahrungen, die Deine persönliche Haltung gegenüber Tod und Sterben geprägt haben?
Was hältst Du davon, den Tod allzeit vor Augen zu haben?
Ist Dir der Gedanke an den Tod Jesu Christi in irgendeiner Weise hilfreich?

17 Kannst Du Dich an eine Gelegenheit in Deinem Leben erinnern, bei der jemand mit so großer Liebe Schmerzen erlitt, dass dadurch Leid überwunden wurde?
Kennst Du aus eigener Erfahrung die Freude, die das Leiden überwindet, wenn wir aus Liebe zu anderen Schmerz ertragen?

18 Das „*Gekreuzigt*“ im Credo heißt, dass es nichts im Leben oder im Tod geben kann, in das wir nicht mit Gottvertrauen hineingehen können, kein Unrecht, kein Leid, keine Katastrophen, in denen wir Gott nicht finden können. Im Augenblick seiner äußersten augenscheinlichen Abwesenheit ist Gott gegenwärtig.

19 Die von uns gemachte Welt ist dabei, in Stücke zu gehen. Aber trifft möglicherweise das, was da äußerlich geschieht, mit meinem inneren Streben nach Weite zusammen? Dürfen wir vielleicht hoffen, dass durch die Risse in unserer zerbrechenden Welt uns schon der frische Wind einer unvergleichlich weiteren neuen Welt entgegenweht?

20 Hoffen heißt, offen sein für Überraschung.

21 Unser Glaube an den von Gott auferweckten und so gerechtfertigten Jesus Christus gibt uns Mut und Kraft, inmitten aller Widerstände sein Leben zu leben.

22 Schmerz lässt sich im Leben nicht vermeiden, aber es gibt viel Leid, das vom inneren Widerstand gegen den Schmerz kommt, und dieses Leid können wir vermeiden.

23 Dankbares Leben ist ein Weg zum Heilwerden der Welt. Nicht nur wenn uns was Schönes widerfährt, sondern wenn wir dankbar leben, jeden Augenblick.

24 Wie kannst Du Botschafter werden für Gottes Liebe? Außenseitern, die am Rand der Gesellschaft leben, Ehrfurcht erweisen und ihnen so Würde und Selbstvertrauen zurückgeben, ist nur einer von vielen Wegen. Aber ein wichtiger.

25 Baut ein Gottesverständnis die Gläubigen innerlich auf? Gibt es ihnen Mut, Entdeckungslust, Schöpferkraft? Macht es sie offen für Fremdes, für Fremde, bereit zu helfen? Oder macht unser Gottesverständnis, dass wir uns wertlos fühlen, schuldig, furchtsam, argwöhnisch? Wir haben die Wahl.

26 Wir dürfen uns selbst als Wort Gottes verstehen, als Wort von Gott ausgesprochen und zugleich angesprochen. (Ferdinand Ebner) Durch unsere Antwort werden wir erst zu dem Wort, als das wir gemeint sind.

27 Jesus steht in einer mystischen Tradition des Alten Testamentes, in welcher die Nähe Gottes das Gottesbild bestimmt. Verbundenheit durch Mitgefühl und Barmherzigkeit, nicht Reinheit durch Trennung, ist in diesem Verständnis Ziel des spirituellen Weges.

28 Die Macht der Ungerechtigkeit mag weit reichen, sie kann aber niemals die Autorität der Liebe außer Kraft setzen.

29 Wir alle haben mehr Macht, als wir meinen. Wo hast Du persönlich Ermächtigung erfahren oder gespendet? In Deiner Familie? Wie würde Dein Arbeitsplatz aussehen, wenn jeder Übergeordnete sich als Diener der Untergeordneten verstünde?

30 Zu wem hast du ein mütterliches Verhältnis? Wem bist du väterlich verbunden? Und was lernst du aus solchen Beziehungen für Deine Gottesbeziehung?

Mai

Wenn wir anfangen zu glauben,
dass es keine größere Freude gibt
als mit anderen und für andere zu arbeiten
– anstatt nur für uns –
dann wird unsere Gesellschaft
ein wahrer Ort der Feier.
Jean Vanier

1 Nichts gibt uns mehr Freude, als wenn unser Herz weit und weiter wird und unser Bewusstsein, dem Universum anzugehören, tiefer und tiefer wird.

2 Wir wollen eine Welt, in der die Macht der Liebe regiert und nicht die Liebe zur Macht.

3 Liebe ist nicht nur ein Gefühl, sondern letztlich unser „Ja“ zur Zugehörigkeit, ein „Ja“, das jeder Funke unseres Geistes, jeder Herzschlag unseres Leibes ausruft.

4 Nichts ist allmächtig, außer der Liebe. Lebenserfahrung lehrt uns, dass Liebe die Macht hat, selbst die verfahrensten Situationen in Ordnung zu bringen, indem sie ihnen einen neuen, tieferen Sinn gibt.

5 Was ist es, das dem Leben letzlich Sinn gibt? Die Antwort lautet: *Liebe*. Gilt das nicht ganz persönlich auch für Dich?

6 Die Antwort auf die existentielle Frage: „Wer bin ich?“ lautet letztendlich: „Ich werde geliebt.“

7 Liebe, die ihren Namen verdient, ist immer freies Geschenk; sie kann weder erkauft noch erzwungen werden. Das ist der springende Punkt: Nur Liebe gibt unserem Leben Sinn; Liebe aber setzt Freiheit voraus.

8 Solange wir unsere Arbeit aus Liebe tun für diejenigen, die uns etwas bedeuten, macht sie Sinn. Die Liebe ist der beste Grund für unsere Mühsal. Liebe verwandelt alles, was wir tun und erleiden, zu einer Musik, die sich erhebt und weit hinaufschwingt wie ein Lobgesang.

9 Arbeit ist diese besondere Art von Aktivität, die auf einen bestimmten Zweck ausgerichtet ist, und wenn dieser erreicht ist, hört die Arbeit als Arbeit auf.

10 Gewöhnlich denken wir, dass das Gegenteil von Arbeit Muße ist. Muße ist nicht das Gegenteil von Arbeit. Spiel ist das Gegenteil von Arbeit, wenn du einen Gegensatz haben willst. Und die Muße überbrückt die Lücke zwischen Arbeit und Spiel. Muße ist, seine Arbeit in der Haltung des Spielens zu tun.

11 Was immer ich liebevoll tun kann, kann zu einem Gebet des Tuns werden.

12 Gott wird genau in dieser liebevollen Achtsamkeit anwesend sein, die ich der Arbeit entgegenbringe, welche mir anvertraut ist. Indem ich mich ganz und liebevoll dieser Arbeit hingebe, gebe ich mich ganz Gott hin.

13 Wir sind derart auf das Nützliche ausgerichtet, dass wir das Sinnvolle vergessen, das unserem Leben Freude, Tiefe und Wert verleiht.

14 Musikhören oder Singen heißt: etwas tun, was keinem praktischen Zweck dient. Es ist nur Feiern und Lobpreisen. Es heißt, nur die Freude und Schönheit des Lebens, die Herrlichkeit Gottes zu kosten.

15 Musik sogar mitten in einem ganz zielgerichteten Tag anzuhören, erinnert uns daran, unserer Erfahrung eine andere Dimension hinzuzufügen, die Dimension des Sinnes, die das Ganze erst der Mühe wert macht.

16 Das kontemplative Leben ist das Zusammensetzen von Schau und Handlung. Schau oder Meditation alleine ist nicht wahre Kontemplation. Nicht nur Mönche, sondern wir alle sind zur Kontemplation in diesem vollen Sinne aufgerufen.

17 Wenn wir ein gesundes Leben führen wollen, müssen wir Momente der Schau in unser tägliches Leben einbauen und dann unsere Handlungen aus dieser Schau heraus Form annehmen lassen.

18 Die Arbeit frisst uns mit ihren Forderungen auf, wenn wir sie nicht bewusst angehen. Dann werden wir zu Sklaven, ganz egal, wie weit oben auf der Leiter wir stehen! Nur wenn wir lernen, bewusst zu beginnen mit Anhalten, Hinschauen und Vorangehen, kann uns die Arbeit nicht unterjochen.

19 Freude ist jene Art von Glück, das nicht von dem abhängt, was uns zustößt. Meist sind wir glücklich, wenn uns etwas glückt, und unglücklich, wenn es uns missglückt. Wissen wir aber wirklich, was gut für uns ist?

20 Wenn du eine Viertelstunde früher aufstehst, dann hast du ein kleines bisschen mehr Zeit, in der du nichts Praktisches zu tun brauchst. Das Nützliche hat in deinem normalen Tagesablauf Platz. An dieser zusätzlichen Zeit kannst du dich einfach freuen und sie, ganz wie du willst, genießen.

21 Manche Leute spielen morgens Musik. In der letzten Zeit haben auch manche angefangen, Gesänge anzuhören, welche die Mönche zu ebendieser Zeit singen, jene Musik, in der die große geheimnisvolle Stille zu Klang wird. Wenn du dir für solche Dinge Zeit nimmst, kann dein ganzer Tag ein anderes Gesicht bekommen.

22 Alles, was wir im Angesicht Gottes tun, ist Gebet. Auf diese Weise werden unsere Hände geheiligt und gesegnet.

23 Gehen wir nicht absichtsvoll und achtsam mit unserer Arbeit um, werden wir zu ihrem Sklaven und fühlen uns schließlich entfremdet und leer.

24 Sogar Arbeit, die wir nicht gerne verrichten und für sinnlos halten, kann Sinn gewinnen, wenn wir uns bewusst und oft daran erinnern, warum wir sie tun.

25 Wird etwas richtig begonnen und unsere Handlungen mit unseren besten Absichten in Einklang gebracht, dann ist alles, was wir tun, Gebet.

26 Das ganze Universum ist die Gottes-Familie, in der jeder zuhause ist, weil alle Gottes Kinder sind. Von solchem Zugehörigkeitsbewusstsein strömt eine heilende Kraft aus.

27 Das „Reich Gottes“ war in den Augen Jesu eine von allen Ausgrenzungen geheilte Gesellschaft: rein und unrein, arm und reich, „Gerechte“ und „Sünder“.
Alle sind sie von Gottes bedingungsloser Liebe umarmt. Und nicht nur Menschen: Die Vögel des Himmels und die Blumen des Feldes – die ganze Natur ist in dieser neuen Ordnung eingeschlossen.

28 Der Gott hierarchischer Ferne wird von Jesus als Gott mystischen Nahseins erlebt und verstanden – als Vater, mit dem er als Sohn im Heiligen Geist liebender Lebendigkeit verbunden ist.

29 Wir brauchen ein Gottesbild, das uns verbindet. Die Mystiker aller religiösen Traditionen haben Zugang gefunden zu einer Wirklichkeit, die nicht nur den Einzelnen ganz macht, sondern uns alle vereinigt.

30 Nur wenn wir uns weltweit gemeinsam darum bemühen, dürfen wir hoffen, zu einem heilen und heilenden Gottesverständnis vorzustoßen.

31 Jeder Mensch ist eine besondere Art von Mystiker. Dies schafft eine gewaltige Herausforderung für jeden von uns: genau jener Mystiker zu werden, der wir zu sein gemeint sind.

Juni

Dankbarkeit braucht ein Gegenüber.
Und die Dankbarkeit Gott gegenüber
hält die Freude dauerhaft wach.

Anselm Grün

1 In allem, was es gibt, spürt unser horchendes Herz den Pulsschlag einer großen Gegenwart, auf die wir uns gläubig verlassen dürfen.

2 Die Angst ist der Maßstab des Glaubens.

3 Glaube ist Loslassen. Sogar in religiösen Traditionen, welche den Ausdruck Glauben vielleicht nicht benützen, finden wir diese Grundlage, nämlich:
das Loslassen.

4 Angst an sich ist nichts, solange der Glaube ihr um eine Nasenlänge voraus ist.

5 Glauben heißt Gott vertrauen, und nichts kann uns letztlich glücklich machen als dieses Vertrauen, dieses tiefe Vertrauen auf die Güte Gottes, auf die Güte des „Es“, das alles gibt. In dem Sinne ist Glaube Gottvertrauen, uns auf Gott verlassen, uns auf die Güte des Lebens verlassen, der Schlüssel zum Glück, zum wahren Glück.

6 Wenn man fragt, was ist das am meisten wiederholte Gebot in der Bibel und die Leute glauben „Liebe deinen Nächsten“ – nein – viel öfter wird gesagt: „Fürchte dich nicht“ (Luk 1,30). An die letzte Wirklichkeit glauben heißt, sich darauf verlassen.

7 So lange ich mich erinnern kann, hatte ich gelernt, von Gott nicht als weit weg, sondern näher als nah zu denken.

8 Glauben heißt nicht, einigen Dogmas oder Glaubensartikeln oder etwas Ähnlichem beizupflichten. Letztlich ist Glaube mutiges Vertrauen ins Leben.

9 Menschen, die dem Leben vertrauen, gleichen Schwimmern in einem reißenden Strom. Sie liefern sich der Strömung nicht willenlos aus, aber sie widerstehen ihr auch nicht; sie passen sich vielmehr mit jeder Bewegung Trift und Sog an und nützen den Lauf des Wassers zielstrebig und geschickt so aus, dass sie sich an dem Abenteuer richtig freuen können.

10 Wir müssen das, *was* wir glauben, immer wieder neu verstehen lernen, dadurch *wie* wir glauben. Das kommt nicht automatisch; es ist ein lebendiger Prozess, und es lohnt sich, ihn zu fördern. Der Schlüssel dazu ist radikale Weltoffenheit.

11 Mit dem Glauben ist es so wie beim Radfahren. Wenn wir wirklich schnell fahren, dann wird der Gegenwind immer stärker. Die Angst ist der Gegenwind.

12 Wir geben unserer tiefsten Sehnsucht Gestalt, indem wir unser gläubiges Vertrauen auf etwas setzen, was unendlich weit über uns selber hinausreicht. Dieses alles überragende Vertrauen gehört also zu unserem Wesen als Menschen.

13 Meinen Glauben beweise ich nicht, indem ich um das bitte, was ich brauche, sondern indem ich darauf vertraue, dass ich brauche, was ich erhalte.

14 Glauben ist der Mut loszulassen. Furcht hält fest.

15 Im Glauben wandeln wir närrisch und doch weise wie Seiltänzer.

16 Rein aus der Hoffnung lebend, vertrauen wir Gott, dass er unsere Bedürfnisse erfüllt.

17 „Gott“ ist nur ein Name für etwas Unnennbares, für das Mysterium – das Mysterium, dass sich jeder Mensch in einer Beziehung zu einer letzten Wirklichkeit befindet.

18 Sakramentalität ist das Geheimnis, dass in unserem riesigen Erd-Haushalt alles mit allem in Verbindung steht, in Myriaden von verschiedenen Wegen, das Leben des heiligen Einen mitten in uns.

19 Es gibt viele Glaubensüberzeugungen, aber nur einen Glauben. Wir müssen lernen, unsere Überzeugungen weniger wichtig zu nehmen als die Urgebärde gläubigen Vertrauens. Glaubensüberzeugungen haben die Kraft, uns zu entzweien; Glaube aber hat die noch größere Kraft, uns zu einen.

20 Was wäre für ein erfülltes, geglücktes Leben wichtiger als gläubiges Vertrauen? Je bewusster wir leben, umso klarer erkennen wir, was für ein unfassbares Geschenk es ist, überhaupt lebendig zu sein. Diese Einsicht löst mit jedem Atemzug tiefe Dankbarkeit aus und öffnet dadurch unser Herz für immer größere Lebensfreude.

21 In Augenblicken, in denen uns unsere tiefste Zugehörigkeit – und somit GOTT – bewusst wird, quillt gläubiges Vertrauen ganz spontan auf. Abraham Maslow spricht da von „Gipfelerlebnissen".

22 Tiefere Gläubigkeit, die über das *Etwas*-Glauben hinausgeht, ist ein Ur-Vertrauen; sie gibt uns eine innere Sicherheit, die uns erlaubt, alles Geglaubte immer wieder zu hinterfragen – also auszubrechen aus jeder geschlossenen Weltanschauung.

23 Wenn wir eins sind mit dem Sein selbst dann *sind* wir mit der Selbstverständlichkeit, mit der gesundes Leben atmet. Dieses reine, bewusste Dasein ist das gemeinsame Grunderlebnis aller Spiritualität und jeder religiösen Tradition; seine Verwirklichung ist ihr gemeinsames Ziel.

24 Die Mystik kann im Namen der Kirche reden, denn sie ist der Lebensquell im Herzen der Kirche.

25 Die Mystiker stehen sich immer nahe. Sie sind das eigentliche Herz der Kirche, und das schlägt unabhängig von der Institution.

26 Die Religion sollte eigentlich die Spiritualität unterstützen, sie verbaut ihr aber oft den Weg.

27 Das Herzstück jeder religiösen Tradition ist die mystische Tradition. Und Mystik ist die Erfahrung der unbegrenzten Zugehörigkeit.

28 Mystische Erfahrungen
mehren.
Die Religionen lehren.

29 Das Selbstverständnis Jesu als eins mit dem „Vater“ ist eine neue Ebene menschlichen Selbstverständnisses. Es darf nicht auf Jesus beschränkt werden. Christliche Mystiker wussten dies und Thomas Merton fasste es zusammen: „Gott ist nicht jemand anders“.

30 Das Herz jeder Religion ist die Religion des Herzens.

Juli

Freude ist die einfachste Form
der Dankbarkeit.
Karl Barth

1 Wer will nicht glücklich werden? Ich bin auf meinen Vortragsreisen weit herumgekommen in der Welt und habe nie jemanden gefunden, der nicht glücklich werden will. Auch wenn wir oft sehr sonderbare Arten haben, glücklich zu werden.

2 Die Art von Glück, die davon abhängt, was uns glückt und was uns nicht glückt, was uns zustößt, ist etwas sehr Unbeständiges. Im Gegensatz zur Freude, die jenes Glück ist, das nicht davon abhängt, was uns widerfährt. Und der Schlüssel, zu dieser Freude ist die Dankbarkeit, denn in dem Augenblick, wo wir dankbar sind, finden wir zurück zu der Freude, die immer in uns ist.

3 Dankbarkeit ist ansteckend, das ist das Wunder: Ein dankbarer Mensch, der sich schon am frühen Morgen freut, einen neuen Tag vor sich zu haben, auch wenn das Wetter nicht gerade wünschenswert ist, wird freundlich in den Tag hineingehen. Und wir wissen, wie ansteckend Freundlichkeit ist.

4 Das Glück ist rund; es dreht sich und wechselt sich ständig mit Unglück ab. Wir wissen, dass alles sich in der Welt ändert, ständig verändert. Das Glück ist unbeständig.

5 Wir sehnen uns nach einem Glück, das Bestand hat. Ein bleibendes Glück. Und wir müssen das, um dem Inhalt gerecht zu werden, auch sprachlich unterscheiden: Das *Glück*, das nicht davon abhängt, ob uns etwas glückt, ist *Freude*.

6 Ganz fremde Menschen, die einen anlächeln, können den ganzen Tag verändern. Wir können die Welt dadurch ändern, dass wir freudig ins Leben gehen. Freude macht uns lebendiger, kräftiger, verbindet uns mit den anderen.

7 Es ist etwas ungeheuer Wichtiges in unserer Konsum-Gesellschaft: genügsam zu werden. Genügsam heißt nicht sparsam. Es heißt, wirklich seine Freude und sein Genügen finden.

8 Mit Informationen übersättigt, oft jedoch jeglichen Sinnes beraubt, haben wir das Gefühl, in einem endlosen Strudel von Pflichten und Anforderungen gefangen zu sein, gefordert von Dingen, die wir erledigen und in Ordnung bringen müssen.

9 Auch wenn wir uns bange von einer Aktivität in die nächste stürzen, spüren wir dennoch, dass es im Leben mehr geben muss als unsere geschäftlichen Termine.

10 Die meisten von uns leben sehr hastige, sehr unruhige und volle Tagesläufe. Wir müssen in diese Tagesläufe irgendwo kleine Augenblicke des Innehaltens einfügen.

11 In jeder Lebenslage können wir Gebetspausen in unseren Alltag einbauen, die uns mit dem Geist verbinden. Sie brauchen nicht zehn Minuten zu dauern; auch zehn Sekunden können schon hilfreich sein.

12 Unbehagen und hektisches Herumjagen sind das Ergebnis unserer verkehrten Zeitempfindung – einer Zeit, die stets abzulaufen scheint.

13 Menschen, die nicht dankbar sind,
können so viel haben, wie sie wollen.
Sie werden immer etwas Anderes
wollen oder mehr von demselben und
sind nicht wirklich freudig.

14 Wir kennen alle freudige
Menschen, die viel Unglück haben
und doch freudig sind. Und wir
kennen Menschen, die alles haben,
was man sich vorstellen kann, die
aber gar nicht glücklich sind.
Warum sind manche Menschen
freudig und andere nicht? Weil sie
dankbar sind.

15 Es gibt Kulturen, in denen man sich nicht daran freut, wie viel man besitzt, sondern darüber, wie wenig man braucht, um glücklich zu sein.

16 Genügsamkeit ist einer der wichtigsten Wege zum Glücklichwerden.

17 Wenn uns etwas mit einer tiefen und anhaltenden Freude erfüllt, dann ist es *wirklich zu sein*, ganz lebendig und gegenwärtig im Jetzt zu Hause zu sein.

18 Dankbarkeit ist keine Sekundärtugend wie etwa Höflichkeit. Sie ist elementarer, der Schlüssel zur Freude. Wenn wir alles nur als gegeben hinnehmen, ohne dafür dankbar zu sein, dann entsteht keine Freude.

19 Wir sind derartige Experten der Effizienz, dass wir Überflüssigem keinen Platz lassen und denken, dass alles Zusätzliche gestrichen werden sollte. Dabei ist es gerade das Überfließen im wörtlichen Sinn, das unserem Leben den zündenden Funken und seinen strahlenden Glanz verleiht.

20 Unsere Überflussgesellschaft hält das Hinzufließende im Behälter zurück, indem sie einfach die Behälter vergrößert.

21 Die Wirtschaft der Überflussgesellschaft erfordert, dass die Dinge, die letztes Jahr für uns etwas Besonderes waren, jetzt als selbstverständlich erachtet werden; somit wird der Behälter größer, und damit wird die Freude am Überfließen, die Dankbarkeit, immer wieder hinausgeschoben.

22 Je weniger du hast, desto mehr schätzt du das, was du hast. Wenn alles Unwesentliche wegfällt, erkennst du erst, wie sehr du mit den Gaben des Lebens gesegnet bist. Zumindestens in diesem Sinne sind die Armen gesegnet.

23 Die Konsumwerbung suggeriert uns, dass es immer noch etwas viel Besseres gibt. Oder dass andere es noch besser haben als wir. Das ist, wie wenn man ein Gefäß immer größer machen würde, so dass es nie zum Überfließen kommt. Dem können wir vorbeugen, indem wir unser Gefäß freiwillig und bewusst kleiner machen statt größer. Dann fließt es früher über.

24 Im Leben ist nichts notwendiger als das Überflüssige, weil nur Überfließen Freude macht. Deswegen brauchen wir nichts dringender als Einfachheit. Wenn deine Bedürfnisse gering sind, füllt sich dein Behälter schnell, und du kannst dich am Überfließen freuen.

25 Habsucht beginnt, wo wir mehr wollen als wir brauchen. Wir glauben: Wir brauchen, was wir wollen. Eigentlich sollten wir aber nur das wollen, was wir brauchen.

26 Zu lernen, nur das zu wollen,
was wir brauchen, ist der beste Weg
zur Zufriedenheit.
Wer sich nicht begnügen kann,
wird nie zufrieden sein.

27 Wir sollten nicht darauf stolz
sein, wieviel wir haben, sondern
wie wenig wir brauchen.

28 Es kann nicht so weitergehen, dass die Schere immer mehr auseinander geht, dass die Armen immer ärmer und die Reichen immer reicher werden. Das ist krank, und darum darf es so nicht weitergehen.

29 Zufriedenheit als Weg zum Glück müssen wir wieder lernen.

30 Die Quelle des Lebens ist letztlich das, was Menschen, die das Wort „Gott“ richtig verwenden, „Gott“ nennen. Also das ES, das alles gibt, ist das unergründliche Geheimnis, aus dem jeden Augenblick Alles hervorkommt.

31 Dem „Vater“, dem Ursprung, schenken wir uns zurück: Ich habe alles von Dir empfangen, ich habe nichts von mir selber, ich habe Dir nichts zu geben als mich selbst. Im letzten Verständnis der Dankbarkeit ist auch die Antwort zu finden auf die große menschliche Frage: Wer bin ich?

August

Eine andere Welt ist nicht nur möglich,
sie entwickelt sich.
An einem Tag der Stille
kann ich sie atmen hören.
Arundhati Roy

1 Erst in der Stille können wir tiefe Dankbarkeit spüren.

2 Wenn wir wirklich offen sind und hinhorchen, dann spricht eine Blume zu uns, dann spricht uns ein Baum an, dann spricht uns eine Landschaft an und auch ein Mensch, auch ohne ausdrücklich zu sprechen. Und in diesem Sinn ist alles, was es gibt, Wort: indem es sich ausspricht. Dieses Geheimnis spricht sich aus und die Antwort darauf, wir können nur horchen, hinhorchen, hinschauen, mit allen Sinnen offen sein für alles, was es gibt. Die Antwort darauf ist Dankbarkeit.

3 Staunen bedeutet, mit den Augen des Herzens zu sehen.

4 Je mehr wir unsere Sinne üben, umso größer wird unser Staunen. Wir sagen grün, wie wenn grün so eine Farbe wäre: Wenn man nur zu einem einzigen Baum hinschaut, sieht man schon, wie unzählige Schattierungen und Abwandlungen von Grün es gibt – und dann erst ein ganzer Wald. Das Staunen nimmt überhaupt kein Ende.

5 Wenn wir uns selber anschauen: Wir sind ja uns selber ein völliges Geheimnis, wir haben uns nicht selber gemacht, wir haben uns nicht selber verdient. Es ist eine kosmische Weisheit, die da durch uns fließt und sich verwirklicht.

6 Es ist die Fähigkeit, sich zu wundern, die aus bloßer Klugheit Weisheit werden lässt.

7 In allem, was es gibt, spürt unser horchendes Herz den Pulsschlag einer großen Gegenwart, auf die wir uns gläubig verlassen dürfen. Und je mehr wir uns darauf verlassen, umso mehr erfahren wir tatsächlich diese Verlässlichkeit. Das führt folgerichtig zu *Dankbarkeit*.

8 Was macht es für einen Unterschied, ob ich in einem Eil- oder Bummelzug sitze, wenn ich die Landschaft jenseits der Fenster nicht wahrnehme?

9 Die Stunden sind die „Jahreszeiten" des Tages. Früher wurden sie mystisch verstanden. Frühere Generationen, die nicht von der Uhr beherrscht wurden, verstanden die Stunden persönlich und begegneten ihnen als Boten der Ewigkeit im Fluss der Zeit, der wächst, erblüht und Früchte trägt.

10 Zu erkennen, dass alles überraschend ist, ist der erste Schritt in Richtung auf die Erkenntnis, dass alles ein Geschenk ist.

11 Die Weisheit, die mit Staunen beginnt, ist die Weisheit eines dankbaren Herzen.

12 Menschen sagen, sie machen sich auf die Gottsuche. Das ist falsch ausgedrückt: Gott ist immer da, nur wir sind nicht da.

13 Wir haben die Wahl zwischen liebevollem Zuhören oder einem Leben, in dem wir alles absurd, widersinnig finden. Diese Absurdität ist nicht außerhalb von uns, sie ist in uns.
Wir sind nur taub, wenn wir nicht gehorsame Zuhörer sind.

14 Selbst unsere Beziehung zu Dingen zeigt eine gewisse Gegenseitigkeit; sie verlangen etwas von uns: Pflege, Behutsamkeit, Geduld.

15 Wenn wir, wenn auch nur einige Augenblicke lang, immer wieder üben, auf unseren Atem zu achten, dann können wir bewusst erleben: Jeder Atemzug fließt als Segen in uns hinein; jeder Atemzug fließt als ein Weitergeben dieses Segens wieder hinaus.

16 Dankbarkeit meint etwas Umfassenderes, als sich durch kleine Aufmerksamkeiten für etwas erkenntlich zu zeigen. Es geht letztlich um unsere Einbettung in das göttliche Leben.

17 Schöpfung ist Tun aus Stille und Sammlung. Das gilt für den Bau einer Brücke oder einer Kathedrale nicht mehr und nicht weniger als fürs festliche Tischdecken, bevor Freunde zu Besuch kommen.

18 Spiritualität ist ein lebendiges Gewahrsein, das *alle* Bereiche unseres Daseins durchzieht. So hört man etwa: „Ich lebe erst richtig, wenn ich Musik höre“, oder: „ich lebe nur auf, wenn ich im Garten arbeite“, oder: „ich lebe nur wirklich, wenn ich Golf spiele.“ In dem Bereich, wo wir „aufleben“, sind wir spirituell.

19 Wir müssen Kindern Zeit geben, sich vielleicht mit einer Linde wirklich anzufreunden, sie lang und still anzuschauen, an einem heißen Tag in ihrem Schatten zu spielen, sie zu riechen, zu berühren, in ihre Äste zu klettern, ihren Namen zu lernen, anstatt sie einfach „Baum" zu nennen. Wir sollten ihnen auch mehr Zeit geben zu träumen und Luftschlösser zu bauen.

20 Das Kind in uns stirbt nie. Wir können es einsperren, wir können es vergessen oder stark vernachlässigen, aber solange wir leben, bleibt es am Leben.

21 Es ist eine unserer großen Aufgaben, dieses Kind in uns wieder zu befreien und es zu ermutigen, seine tiefsinnigen Fragen zu stellen. Dann schauen wir alles durch staunende Augen an und nehmen alles mit einem offenen Herzen auf.

22 Das eigentliche Ziel ist das, was der Philosoph Paul Ricoeur die „zweite Naivität" nennt: die Verbindung der hellen Begeisterung kindlicher Unschuld mit jener Weisheit, die sich aufgrund von Erfahrung einstellt.

23 Wenn wir lang genug auf irgendetwas schauen, eine Blume etwa, wenn man sie wirklich still, lange anschaut, wird man sich plötzlich des Wunders gewahr, dass es diese Blume gibt. Wir nehmen sie dann nicht mehr so als gegeben hin, sondern wir können nur staunen, dass es diese Blume gibt.

24 Zum Ausruhen braucht man ja Stille, vor allem aber auch, um zu einem ganz neuen Bewusstsein zu finden – und nicht weniger wird heute von uns allen gefordert. Nur mit einem neuen Bewusstsein werden wir die Aufgaben meistern können, die unsere Zeit uns stellt.

25 Nur wer stillhält, sieht was zu tun ist – hier und jetzt. Und nur wer klar sieht, kann hilfreich handeln.

26 Wir im Westen haben das Wort, der Buddhismus hat das Schweigen, der Hinduismus hat das Tun. Und alle drei gehören untrennbar zusammen.

27 Wir müssen wählen zwischen Ehrfurcht und Angst. Wer nicht den Mut zur Ehrfurcht hat, fällt der Angst zum Opfer. Nur die Ehrfürchtigen sind daheim in dieser Welt und wissen es.

28 Wenn wir mit dem Herzen horchen, werden wir Sinn finden. Denn so wie das Auge Licht wahrnimmt und das Ohr Geräusche, ist das Herz das Organ für Sinn.

29 Das Schlüsselwort für mein geistliches Leben heißt Horchen. Damit ist eine besondere Art des Horchens gemeint, ein Hinhorchen des Herzens.

30 Schönheit, die gesehen wird, macht den, der sie sieht, schöner.

31 In allem, was wir erfahren, können wir Gott singen hören, wenn wir aufmerksam hinhorchen.

September

Freundlichkeit und Mitgefühl
für alles Lebende
sind das Kennzeichen einer
zilivisierten Gesellschaft.
Cesar Chavez

1 Blicke heute einem Fremden in die Augen und erkenne, dass es keine Fremden gibt.

2 Wir haben etwa – niemand weiß es genau – mehr als zehnmal so viele Zellen in unserem Körper, als es Menschen gibt auf der Welt, und jede ist ungeheuer kompliziert in Aufbau und Funktion. Und dabei läuft alles – meistens wenigstens – wie am Schnürchen; das Leben lebt uns. Sollte dieses große, weise Leben nicht auch das Zusammenleben unter uns Menschen zum Gedeihen bringen, wenn wir nur willig sind?

3 Es gibt keine höhere Aufgabe für uns Menschen als die Menschlichkeit.

4 Es gibt viele Menschen, die wirklich gut und voller Liebe zu anderen Menschen sind. Von ihnen sagt Jesus: „Was ihr meiner Schwester, meinem Bruder getan habt, das habt ihr mir getan." Und Johannes sagt: „Wie könnt ihr sagen, dass ihr Gott liebt, wenn ihr den Nächsten nicht liebt". Diese Beziehung zum Anderen zu haben und dadurch zu Gott, das hat Jesus uns gelehrt.

5 Vergebung stellt auf allen Ebenen Zugehörigkeit wieder her. Jede Verweigerung von Zugehörigkeit verwundet eine Welt, in der alle mit allen verbunden und von einander abhängig sind. Vergebung heilt diese Wunde.

6 Nur durch Selbsthingabe, durch Loslassen von Widerwillen und Verbitterung können wir Entfremdung überwinden und Zugehörigkeit wieder herstellen.

7 In fast jeder Situation haben wir die Wahl: geizig oder großzügig zu sein.

8 Großzügigsein schafft eine heiligere Atmosphäre, ein Gefühl, dass die Welt uns unerwartet segnet, oft auf eine Weise, die wir offensichtlich nicht verdienen. Und das trifft auf unser ganzes Leben zu.

9 Wir können auch großzügig sein mit unserem Mitgefühl. Ich habe herausgefunden, dass durch eine ganz leichte Berührung ein kraftvoller Impuls von Güte und Wohlwollen übermittelt werden kann.

10 Wenn wir jemanden konkret wissen lassen, dass er uns wirklich etwas bedeutet, schafft das ein Gefühl der Zugehörigkeit, ein Gefühl, dass wir Schwestern und Brüder sind in dieser Welt, in unserem gemeinsamen Zuhause.

11 Großzügigkeit kann auf gesunde Art anstecken. Derjenige, der etwas bekommt, spürt auch, dass es dabei nicht um ein bloßes *quid pro quo* Tauschgeschäft geht (Ich habe deine Leistung genau gemessen, und hier hast du dein gerechtes Entgelt).

12 Man kann nicht sagen, ich komme wunderbar mit allen Menschen aus, nur mit mir selber nicht. Man kann auch nicht sagen, mit mir selbst habe ich Schwierigkeiten, aber mit Gott ist das wunderbar, oder mit Gott komme ich gut aus, aber mit den Menschen kann ich mich nicht verstehen. Ich kann nur mit allem oder niemand verbunden sein. Darum ist der Glaube religiös.

13 Wir alle hängen mit allen anderen zusammen, und volle Menschlichkeit ist Aufgabe der ganzen Menschheitsfamilie. Da geht es um den Respekt, den wir uns untereinander schulden, um gegenseitiges Vertrauen, um die Bereitschaft, Opfer zu bringen.

14 Gelegenheit macht kreativ. Und zwar *kreativ in Beziehung*. Das ist so ungeheuer wichtig, weil wir hinhorchen auf das Gegebene oder auf den Menschen, der uns da gegenüber steht – jetzt, als gegeben in diesem Augenblick. Und dann werden wir kreativ in unseren Beziehungen zu den anderen Menschen.

15 Es geht letztlich um die Entscheidung zwischen der Liebe zur Macht und der Macht der Liebe.

16 Das Schwierigste ist es, an die Liebe eines anderen Menschen wirklich zu glauben. Ja, es gibt Liebesbeweise und Proben, an denen sich die Liebe eines Anderen zeigt, aber letztlich müssen wir uns doch darauf verlassen. Es kommt alles auf dieses Sich-Verlassen an. Und damit weist die Sprache schon hin auf den entscheidenden Punkt: Was wir verlassen müssen, ist unser kleines Ich, das sich in die Illusion des Abgetrenntseins verkapselt; und wir verlassen uns *auf* etwas – bewegen uns auf etwas anderes hin – nämlich auf unser großes Selbst, in dem Du und Ich eins sind, obwohl sie unterschieden bleiben.

17 Wir können andere mit einem guten Wort oder einem Lächeln segnen, mit einer freundlichen Tat, die niemand sieht, oder einfach mit einem stillen, guten Wunsch. Welche Freude, des Segens gewahr zu werden, jenes besonderen Lebendigseins, das in uns hinein und durch uns hindurchfließt.

18 Je mehr unsere Haltung im täglichen Umgang mit Menschen, Tieren, Pflanzen und Dingen unserem Bewusstsein innerster Verbundenheit mit dem Urgrund allen Seins entspricht, umso höher entwickelt sich unsere Gottverbundenheit und umso klarer finden wir Sinn im Leben.

19 Dankbarkeit ist also zutiefst religiös in dem Sinne, dass sie wieder verbindet, was zerrissen ist: im tiefsten Sinn von Religion „religio, religare“. Zerrissen ist unsere Beziehung zu anderen, die Beziehung zwischen Ich und Selbst, und die Beziehung zum Göttlichen, zu der letzten Wirklichkeit.

20 Dankbarkeit ist nah am Herzen jeder Religion, sie ist ein Verbindungsglied zwischen den verschiedenen Religionen und wichtig im religiösen Dialog.

21 Dankbarkeit verbindet alle Menschen und alle Religionen. Es gibt keinen Menschen in der Welt und keine Gesellschaft, die nicht Dankbarkeit zu würdigen weiß. Der dankbare Mensch gilt überall als ein weiser Mensch, als ein guter Mensch. Jeder Mensch ehrt Dankbarkeit in der ganzen Welt.

22 Den ganzen Tag hindurch bekommen wir Segen über Segen. Geben wir diesen Segen jemals weiter? Mit anderen teilen oder tot sein, Paradies oder Wüste: Wir haben die Wahl.

23 Die Gewalt hat ihre Wurzeln in jedem Herzen.

24 Das Herz ist kein einsamer Ort. Es ist der Bereich, in dem Alleinsein und Beisammensein zusammentreffen.

25 „Der Mensch", sagt Jean Paul, „ist nie so schön, als wenn er *um Verzeihung bittet oder selbst verzeiht.*" Wenn wir uns aber schuldig fühlen, kommen wir uns hässlich vor. Wir schauen dann nur auf das Unrecht, das wir getan haben, und seine Last drückt uns nieder. Wer hat das nicht schon selber erlebt?

26 Vergeben ist mehr als Verzeihen. Verzeihen rechnet Schuld nicht an. Vergebung geht darüber hinaus: Sie macht verletzte Gemeinschaft wieder heil. Das verlangt viel von uns. Es verlangt nicht weniger als jene höchste Form von Geben, die das Wort „*ver*-geben" andeutet. Wer vergibt, gibt sich selbst.

27 Freude hat Heilkraft. Glaube an die Vergebung der Sünden kann das Herz mit einem solchen Schwall von Freude füllen, dass es überfließt und zur Heilquelle wird, die überall, wo sie hinfließt, Entfremdung heilt und Frieden bringt.

28 Es ist ein Paradox, dass, wenn ich am wahrhaftigsten allein bin, ich mit allem eins bin.

29 Der Mystiker lebt in der Gegenwart, im Jetzt und damit in der Verbundenheit mit allen und allem.

30 Mystik ist die Erfahrung der unbegrenzten Zugehörigkeit.

Oktober

Ergründe das Herz nur eines Wassertropfens
und du wirst von hundert Ozeanen
durchflutet.
Mahmud Shabestari

1 Das Wesen göttlicher Schöpfung ist Geschenk, das Wesen menschlicher Schöpfung ist Dankbarkeit.

2 Alles, was es gibt, gibt ES, die Quelle von allem.

3 ES ist selbst nicht etwas, sondern ist das NICHT, aus dem alles fließt. Es ist die göttliche Quelle, es ist die Mutterquelle, der Muttergrund von allem, was es gibt. ES ist das Geheimnis, von dem wir kommen und zu dem wir gehen.

4 Im Herzen gesammelt sein, heißt: eins sein mit uns selbst, eins sein mit Gott, der mir näher ist als ich mir selbst, und eins sein in Gemeinschaft mit allen.

5 Wahre Freude und Selbstvergessenheit gehen Hand in Hand. Das Glück kommt daher, dass wir uns nicht auf uns selbst verlassen, dass wir uns auf das uns in jedem Augenblick neu geschenkte Leben verlassen. Wir verlassen uns, da wir nicht völlig auf uns selber eingestellt sind, auf das Leben, auf die anderen, auf die Güte, nicht nur Gottes, sondern des Göttlichen, das uns durch alles zukommt. Wir verlassen uns auf das Leben.

6 Wenn wir uns bewusst sind, auf wie viele unzählige Arten und Weisen wir im Leben gesegnet sind, dann sind wir wie ein Vermögender, der großzügig ist, ohne Angst zu haben, dass ihm die Mittel je ausgehen werden.

7 In dem Ausdruck *„ES gibt“* ist schon das Geben und die Gabe enthalten.Und dass *ES* das alles gibt, dieses „ES“ ist das große Geheimnis, ist die Stille, aus der jedes Wort kommt: in dem Sinne auch, dass ES uns anspricht, dass ES uns etwas sagt.

8 Es ist aufschlussreich, dass die Sprache vom *gegebenen* Augenblick spricht: Der Augenblick wird uns gegeben, er ist uns geschenkt. Und daher ist die einzig entsprechende Antwort auf dieses Gegebene: die Dankbarkeit.

9 Wenn du dankbar bist, weißt du, dass du zu einem Geflecht von Geben und Nehmen gehörst, und du bejahst diese Zugehörigkeit. Dieses „Ja" ist das Wesentliche der Liebe.

10 Und alles ist geschenkt. Alles ist Gnade, sagt Augustinus, das heißt, kann man das auch übersetzen: Alles ist frei geschenkt, *frei geschenkt*.

11 Im Epheser-Brief heißt es im Neuen Testament: „Danket Gott allezeit für alles.“ Wenn es allezeit ist, dann ist es eine 24 Stunden dauernde Beschäftigung. Durch alles, was wir tun, danken wir. Danken besteht ja nicht im „Danke“ sagen, sondern im Tun, in dem Tun, was man mit diesem Geschenk eben tut, letztlich mit unserem Leben und mit allem.

12 Das Gebet ist keine Bestellung, die wir aufgeben und von der wir erwarten können, dass sie ausgeführt wird. Das Gebet heißt, sich auf das Leben der Welt, auf die Liebe einzustimmen, auf die Kraft, die Sonne, Mond und die Sterne bewegt.

13 Je dankbarer wir sind, umso mehr Dinge finden wir, für die wir dankbar sein können. Die Dankbarkeit ist eine Art Spirale, und wir kommen tiefer und tiefer ins Danken und dadurch in die Freude hinein, je dankbarer wir sind. Es ist eben ein Weg zum Glücklichwerden.

14 Als Weg zum Glücklichwerden kann das Dankbarsein nur dann dienen, wenn ich es übe, wenn ich daraus einen spirituellen Weg mache. Ein Augenblick, eine kurze Begegnung, ist noch kein Weg.

15 Ein Handeln ohne Innehalten und Aufmerken ist ein verwirrtes Handeln. Es führt zu nichts. Ein Aufmerken ohne Handeln ist fruchtlos. Meistens aber hängt es aber schon am Innehalten: Wir halten nicht genügend inne. Wir hasten und eilen, und wir versäumen so die Gelegenheit. Es geht immer um die Gelegenheit. Um wirklich die Gelegenheit wahrzunehmen, müssen wir innehalten.

16 Ein Mahl, eine Mahlzeit kann ein Fest werden, wenn wir uns Zeit nehmen zu schmecken. Aber wenn wir es so einfach in Eile herunterschlingen, dann sind wir nicht wirklich dankbar dafür, dann erweisen wir uns nicht dankbar dafür.

17 Viele Menschen sehnen sich nach Ritualen. Doch die Rituale unserer Eltern und Großeltern sind uns verloren gegangen. Sie passen uns nicht mehr. Und wir haben keine neuen, die sie ersetzen. Aber aus Dankbarkeit können wir plötzlich neue Rituale finden, zum Beispiel das Tischgebet.

18 Wenn wir dankbar sind, sind wir schon ausgerichtet auf den Geber aller Gaben oder auf die Quelle des Lebens. Auf das Leben selbst, das so geheimnisvoll ist. Das Geheimnis, das große Geheimnis, dem wir uns gegenüber sehen.

19 Der *Geber* ist auch nur ein Bild. Aber können wir eine Beziehung haben zu diesem ungeheuren Geheimnis, aus dem alles, was es gibt – ES gibt – hervorkommt. Dieses große ES ist ein großes DU, wenn wir es richtig verstehen: der Geber aller Gaben.

20 Wenn wir Dank sagen vor dem Essen, Dank sagen nach dem Essen, wenn wir Dank sagen für einen neuen Tag in der Früh – mehr brauchen wir gar nicht zu tun. Das ist an sich schon ein Ritual. Beim ersten Tee oder Kaffee oder beim ersten Glas Wasser: Sei dankbar dafür! Das ritualisiert das Leben. Es kann es ritualisieren, wenn wir uns dieser Gelegenheit dazu bewusst sind.

21 Alles, was ES gibt, ist Gabe, ist Geschenk. Wir selber sind Geschenk. Wir sind geschenkt, uns selber geschenkt, geschenkt für einander. Alles ist geschenkt. Und die Danksagung entspringt dem und geht zurück an den Geber aller Gaben.

22 Was uns geschenkt wird, – unser Leben, unsere Fähigkeiten, unsere Möglichkeiten – *diese* völlig auszuleben, das ist unser Danksagen, *wir* zu werden.

23 Dem Leben zu vertrauen heißt: fest damit rechnen, dass jeder Tag uns genau das bringen wird, was wir brauchen – wenn es auch nicht immer das ist, was wir uns wünschen.

24 Wo das Schicksal uns auch hingestellt hat: Gläubiges Vertrauen heißt, wir verlassen uns darauf, dass die Lebensquelle uns gibt, was für uns gut ist, ob wir es immer gleich erkennen oder nicht.

25 Wir stellen fest, dass Glaube und Hoffnung immer beteiligt sind, wenn wir dankbar sind. Wir sehen, dass wir dem Geber vertrauen müssen, bevor wir ihm danken können.

26 Freude ist immer Gemeingut, und je mehr wir an der Gemeinschaft des Lebens teilnehmen, umso größer wird unsere Freude.

27 Was unser Glück am meisten zerstört, ist unsere Vereinzelung. Dass wir nicht verbunden sind, ist das Merkmal des Unglücks. Dass wir irgendwie von dem getrennt sind, was wir eigentlich wollen. Glück ist diese tiefe Freude der Verbundenheit.

28 Wenn wir nach unserer privaten Freude suchen, die gibt es ja gar nicht. Selbst wenn wir etwas finden könnten, wovon wir glauben, dass es uns Freude macht – wenn wir dann wirklich sehen, wie jemand neben uns leidet, so verleidet uns das dann die Freude.

29 Wenn wir jemanden aus ganzem Herzen lieben, dann kann es vorkommen, dass wir plötzlich erfahren, wie uns in einem anderen Menschen Gott begegnet. Das ist weit entfernt von vernarrter Vergötterung. Worum es geht, ist vielmehr ein gegenseitiges Anschauen Liebender: so innig und so tief, dass der Blick bis zum göttlichen Wesensgrund des Anderen durchdringt.

30 In Gott bewegen wir uns und sind. Gott ist in uns, und wir sind in Gott. Wir sind wie ein Gefäß, das völlig mit Meerwasser angefüllt und ins Meer versenkt ist. Das Meer ist Gott. Gott geht unendlich über uns hinaus, aber ist auch völlig in uns. Und wir sind völlig in Gott.

31 Wir tanzen alle den gleichen Tanz. In ihm erfahren wir Gott in uns und uns in Gott. Diese Gottanschauung verbindet uns alle.

November

Am Ende meines Lebens möchte ich nicht
dastehen und sehen,
dass ich nur seine Länge gelebt habe.
Ich möchte auch seine Tiefe leben.
Diane Ackerman

1 Den Tod täglich vor Augen zu haben, ist ein Auslöser für tiefere Bewusstheit.

2 Wir befürchten, dass der Tod uns wie ein Dieb in der Nacht überfällt, bevor wir überhaupt Gelegenheit hatten zu leben. Diese Furcht ist dann am größten, wenn wir nicht im Augenblick leben.

3 Wenn wir uns eingestehen, dass jeder Tag ein Ende hat, dass jedes Leben ein Ende hat, so heißt das, dass wir der Aufforderung nachkommen, die Gelegenheit beim Schopf zu packen und etwas aus diesem Tag, aus diesem Leben zu machen. Wenn wir etwas aus dem Tag gemacht haben, werden wir auch loslassen können.

4 Wenn wir nicht herausfinden, wie wir im Jetzt leben können, ängstigt uns der Tod, weil wir in unserem Leben nie richtig da waren. Wir haben es verpasst, und jetzt ist es plötzlich vorbei.

5 Je intensiver wir leben, desto leichter ist es, loszulassen und zu sterben.

6 An den Tod zu denken heißt nicht, sich ständig mit dem Tod zu beschäftigen. Es heißt, dass hier und jetzt Gelegenheit ist, uns mit dem Leben zu beschäftigen.

7 Das Jetzt in der Zeit gibt uns Zugang zum Jetzt, das über die Zeit hinausgeht. Wir dürfen darauf vertrauen, dass alles, was schön und gut und echt ist an der Zeit, aufgehoben und geborgen ist im ewigen Jetzt; mit jeder für uns bedeutsamen Einzelheit ist es liebend aufbewahrt dort, wo wir letztlich zuhause sind – in Gott.

8 Weil wir an das ewige Leben glauben, dürfen wir das Leben hier – wo immer wir sind – im großen Jetzt, das die Zeit aufhebt, feiern.

9 Es gibt auch andere Wege, sich daran zu erinnern, wie wertvoll Dinge sind. Aber die Vergänglichkeit der Dinge trägt wesentlich dazu bei zu sehen, wie wertvoll sie jetzt gerade sind. Und dass uns etwas geschenkt ist, dazu muss man aufwachen.

10 Indem wir lernen uns hinzugeben, lernen wir beides: zu leben und zu sterben – nicht nur unseren letzten Tod zu sterben, sondern auch diese vielen Tode des täglichen Lebens, durch die wir lebendiger werden.

11 Wir brauchen uns nicht länger darüber Sorgen zu machen, dass unsere Zeit unaufhaltsam abläuft. Die Zeit, die so abläuft, ist für uns schon im Jetzt aufgehoben, sie ist außer Kraft gesetzt, abgeschafft. Aber gerade deshalb dürfen wir jeden Augenblick als Gabe und Aufgabe voll ausschöpfen.

12 Auch alte Leute, sofern sie die Tugend der Hoffnung erlernten, strahlen eine unerwartete Jugendlichkeit aus. Und: Die gewinnendste Eigenschaft der Hoffnung ist ein realistischer Humor.

13 Optimismus und Pessimismus
spielen nur Theater.
Hoffnung steht aber mit beiden Beinen
in der Wirklichkeit.

14 Immer wenn wir etwas hingeben, eine Person, eine Stellung, eine Sache, wenn wir echt hingeben, sterben wir, ja, aber wir sterben in eine größere Lebendigkeit hinein.

15 Lasst uns sterben lernen, so dass wir, wenn unsere letzte Stunde kommt und wir uns dessen noch bewusst sind, fähig sein werden, gut zu sterben.

16 Durch den Glauben sterben wir vorwärts in die Fülle des Lebens hinein.

17 Wir vertrauen im Glauben, dass wir, wenn unser zeitliches Leben um ist, in Gottes ewiges Leben eingehen werden mit jener Lebendigkeit, die jetzt schon unsere eigentliche ist. Tief innerlich verstehen wir, was Rilke meint, wenn er sagt: „Mit kleinen Schritten gehen die Uhren *neben* unserem *eigentlichen* Tag".

18 Wer bekennt *„Ich glaube an das ewige Leben“*, der verlegt das Schwergewicht seines Lebens auf das Jetzt, in dem die Zeit aufgehoben ist. Von dieser Mitte her können wir „in Fülle“ leben, weil Zeit für uns auf eine höhere Ebene hinaufgehoben ist.

19 Wenn ich dankbar dem Sein gegenüber bin, werde ich das auch im nächsten und übernächsten Augenblick sein können – und dann auch im letzten Augenblick, wenn es darum geht, das Ich endgültig loszulassen im Sterben.

20 Jedesmal, wenn wir an unsere Sterblichkeit denken, wird die Wahrscheinlichkeit größer, dass wir dann das tun, was uns wirklich glücklich macht und erfüllt. Jeder kann diese ernüchternde und dennoch belebende Erfahrung machen, wenn er dem Vergehen des Tages ins Auge schaut und die Tatsache, dass seine Tage gezählt sind, wahrnimmt.

21 Die Augen des Glaubens sehen das ganze Leben als Geschenk Gottes – auch den Tod.

22 Das kosmische Gesetz, dass Leben sein Leben hingeben muss, um neues Leben zu nähren, dieses Gesetz spiegelt einfach das sich selbst übersteigende Geheimnis: durch Gottes Liebe haben wir das Leben – Gottes Leben – allein durch den wahrhaftigen Tod Gottes.

23 Gottesbegegnung findet in der geschichtlichen Wirklichkeit statt, in die unser eigenes Leben und Sterben eingebettet sind.

24 Es ist mir Trost und gibt mir Mut, gläubig zu vertrauen, dass Gott mir im Sterben so nahe ist wie im Leben.

25 Die Hoffnung, die bleibt, wenn alle Hoffnung geschwunden scheint, ist die wahre Hoffnung im Herzen.

26 Die Hoffnung bleibt offen für Überraschung, auch wenn das, was unerwartet auf uns zukommt, nicht das ist, was wir wollen oder wenn das, worauf wir unsere Hoffnung setzen, dann nicht zustande kommt. Wenn wir völlig gebrochen sind, weil uns das, was wir uns erhofft haben, versagt bleibt, dann sind wir nicht wirklich Menschen der Hoffnung. Wir haben dann nur viele Hoffnungen, sind aber ansonsten hoffnungslos.

27 Zum Glück gehört immer auch die Hoffnung. Hoffnung ist Offenheit für Überraschungen.

28 Hoffnung ist realistisch. Der Realismus der Hoffnung ist Demut.

29 Auch wenn alle unsere Hoffnungen scheitern, wir aber doch noch offen bleiben für die große Überraschung, dass das Ärgste, was uns widerfahren kann, letztlich sich als das Beste herausstellt, was es oft tut, dann sind wir wirklich Menschen der Hoffnung.

30 Überraschung: einer der Namen Gottes.

Dezember

Ich werde das Licht lieben, denn es beleuchtet meinen Weg – und ich werde die Dunkelheit ertragen, denn sie zeigt mir die Sterne.

Augustine Og Mandino

1 Der Satz Jesu: „Ihr seid das Licht der Welt" bedeutet mehr als das Weitergeben einer Lehre, wie erhellend die Botschaft auch sein mag. Für mich heißt er: „Hört zu, dies ist eine dunkle Welt. Wenn ihr leuchtet, erhellt ihr sie ein wenig. Ihr könnt diese Welt ein wenig heller machen. Leuchtet!"

2 Das Motto der Paulistenbewegung: „Es ist besser, ein kleines Licht anzuzünden, als die Finsternis zu verfluchen." Und welche Kerzen können wir anzünden? Ein Lächeln, ein freundliches Wort, einen Besuch?

3 Jemand, der die frühe Morgensonne als Geschenk erlebt, wird viel eher wie eine kleine Sonne durch den Tag gehen und anderen Menschen strahlend entgegenkommen.

4 Wenn wir den neuen Tag als Geschenk begrüßen, trägt uns ein Dankbarkeitsgefühl durch die darauf folgenden Stunden. Der Tag ist uns angeboten als etwas, das wir Stunde um Stunde an andere verschenken können.

5 Wenn wir zu Beginn des Tages nicht fragen: „Wie hole ich am meisten aus diesem Tag heraus?", sondern: „Wie kann ich heute jemanden ein wenig glücklicher machen?", dann sind wir am Ende selbst viel glücklicher.

6 Nikolaustag: „Vorfreude ist die schönste Freude", heißt es. Wer denkt da nicht an erwartungsvoll strahlende Kinderaugen? Diese Vorfreude ist aber eigentlich vorweggenommene Dankbarkeit. Solches vertrauensvolles Schon-im-Voraus-Danken ist die schönste Dankbarkeit.

7 Wir können lächeln. Wir können andere wärmen. Wir können den Tag für andere aufhellen.

8 Wenn uns sämtliche Möglichkeiten jederzeit zu Gebote stünden, wenn es keine Grenzen, keine Einschränkungen, keine Definitionen gäbe, wären wir verloren. Menschen denken oft irrtümlicherweise, Glück komme durch das Entfernen aller Begrenzungen.

9 Wenn das Leben eng ist, ist es der Lebenspfad.

10 Als Menschen wissen wir, wie kein anderes der vergänglichen Lebewesen um den Tod, jenen endlosen Winter. Aber gerade darum kennt unser Herz auch das Geheimnis, ihn zu überstehen: allem Abschied voran zu sein, indem wir im Jetzt leben. Wach um den Tod zu wissen, heißt ihn vorwegnehmen.

11 Wenn wir unsere Lebendigkeit messen könnten, so wäre der Maßstab sicher unser Berührtsein vom heiligen Einen, dem unerschöpflichen Feuer im Herzen aller Dinge.

12 *Gott* steht für den Zielpunkt der abgrundtiefen, unausrottbaren Sehnsucht des menschlichen Herzens nach letztem Sinn. Zu dieser Sehnsucht gehört wesentlich unser Vertrauen, dass sie gestillt werden wird. Und dieses Vertrauen ist der Ur-Glaube an Gott.

13 Todesangst oder Lebensvertrauen, vor diese Wahl sind wir gestellt. Angst ist die Wurzel von Krieg, von Anmaßung und von Habgier. Diese drei sind aber die Symptome der Todeskrankheit, an der die Welt heute leidet.

14 Glaube ist tiefstes, wagemutiges Vertrauen. Sein Gegenteil sind Angst und Furchtsamkeit. Die aber sind das Lebenselement des Ego, das der Selbsttäuschung des Abgetrenntseins vom Ganzen sein Scheindasein verdankt.

15 Was wir in die Krise einbringen müssen, ist Vertrauen. Und ein vertrauensvolles Warten ist eine wahrhaft innige Form des Betens.

16 Wir müssen den Krisen ins Auge schauen und Herausforderungen annehmen.

17 Im Mittelpunkt von Weihnachten steht das Bild des Kindes. Spricht das nicht zu jedem Herzen? Und wie dringend brauchen wir doch das Vorbild des Kindes in unserer angsterstarrten Welt!

18 Das Leitbild des Kindes, das wir an Weihnachten erwarten, erweist sich als revolutionär. Denn im Vertrauen wurzeln Gewaltfreiheit, gegenseitige Achtung und freudiges Teilen.

19 In diesen Tagen, in denen wir Weihnachtsgeschenke vorbereiten, fällt mir ein: Geschenke wollen wie Spuren hinterlassen werden, nicht wie Denkmäler, die Spender sich selber setzen.

20 Sind nicht die besten Geschenke wie Spuren der Liebe von jemandem, der uns vorangeht? In dem Raum, der zurückbleibt, können die Beschenkten sich selber frei entfalten.

21 Winteranfang: Selten beginnt eine Jahreszeit wirklich an dem ihr zugedachten Datum. Jahreszeiten sind vielmehr eine qualitative Erfahrung: Wir empfinden einen feinen Unterschied in der Qualität des Lichts, der Länge des Tages oder darin, wie sich die Luft auf unserer Haut anfühlt.

22 Die vertrauten Bilder von Weihnachten stehen uns vor Augen. Bilder vermitteln mehr als Worte. Sie müssen auch gar nicht übersetzt werden, wenn wir die Augen unseres Herzens öffnen.

23 Wir sind völlig eingebettet in Gott, und Gott ist völlig in uns. Das Glück im Sinne der unverlierbaren Freude, das ist das Göttliche in uns. Und wenn wir es erfahren, dann bricht das Glück Gottes durch uns hindurch.

24 Dass wir einander an Weihnachten beschenken, deutet darauf hin, dass wir *alle* Geburtstag haben. In jedem Menschenkind hat ja zu Weihnachten der Mensch schlechthin, der Gott-Mensch, seinen Geburtstag.

25 Das Geschenk in jedem Geschenk ist immer die Gelegenheit, die es enthält. Meistens ist es die Gelegenheit, sich zu freuen und den Augenblick zu genießen.

26 Jesu Geburt feiern wir als das ursprüngliche Weihnachtsgeschenk. Im Johannesevangelium sagt er von sich: „Es ist gut für euch, wenn ich weg gehe." Aber seine Spur bleibt in den Hungernden, Unterdrückten, Ausgebeuteten.

27 Gewaltfreiheit, gegenseitige Achtung und freudiges Teilen: Mut und Kraft, diese drei zu verwirklichen, wünsche ich – mir selbst und unserer ganzen Welt – zu dieser heiligen Zeit. Das lässt sich zusammenfassen in der Botschaft der Weihnachtsengel: „Fürchtet Euch nicht!"

28 Die Furcht ist der Maßstab des Glaubens. Furcht an sich ist nichts, solange ihr der Glaube um eine Nasenlänge voraus ist. Je größer die Furcht, desto herrlicher der Mut des Glaubens, der sie überwindet.

29 Ein Wunsch zum Jahresende: Die Spur Jesu nicht aus den Augen zu verlieren, ihr tatkräftig zu folgen in ein neues, ein besseres Jahr hinein.

30 Ich selber bin Geschenk, das ich dankbar zurückschenken kann, dadurch dass ich mich verwirkliche. Es geht im Leben um diesen dynamischen Kreislauf einer Liebe, die alles hervorbringt und sich wieder zurückschenkt.

31 Amen: ein zentrales Wort für den Glauben, der alle verbindet. Amen ist in der hebräischen Tradition die Antwort des Menschen auf Gottes Verlässlichkeit. Mit dem Wort Amen verlässt man sich auf die Verlässlichkeit Gottes. Das Amen ist unsere Antwort auf das göttliche Gegenüber.

Quellen

Musik der Stille. Die Gregorianischen Gesänge und der Rhythmus des Lebens, Herder, Freiburg i. Br. 2010: 1.1.–5.1., 7.1.–10.1., 12.1., 15.1., 24.1., 27.1., 28.1., 1.2.–4.2., 6.2.–9.2., 16.2.–18.2., 25.2., 28.2., 3.3., 11.3.–14.3., 16.3., 21.3., 11.4., 12.4., 6.5., 8.5., 13.5.–25.5., 2.6., 4.6., 8.7., 9.7., 11.7., 12.7., 17.7., 19.7.–22.7., 24.7., 9.8., 13.8., 15.8., 18.8., 20.8.–22.8., 7.9.–11.9., 17.9., 22.9., 6.10., 12.10., 2.11.–6.11., 20.11., 1.12.–5.12., 7.12., 8.12., 15.12., 16.12., 21.12., 25.12., 28.12.

Achtsamkeit des Herzens. Herder, Freiburg i. Br. 2011: 27.8.–29.8.

Credo. Ein Glaube, der alle verbindet, Herder, Freiburg i. Br. 2013: 13.1., 30.1., 5.2., 19.2., 20.2., 7.3., 10.3., 15.3., 13.4., 14.4., 16.4.–18.4., 21.4., 22.4., 24.4., 28.4.–30.4., 3.5.–5.5., 7.5., 1.6., 9.6., 10.6., 12.6., 19.6.–23.6., 7.8., 14.8., 16.8., 17.8., 19.8., 3.9., 5.9., 6.9., 15.9., 16.9., 18.9., 25.9.–27.9., 1.10., 23.10., 24.10., 29.10., 7.11., 8.11., 11.11., 17.11., 18.11., 21.11., 10.12., 12.12., 14.12.

Geleitwort und Epilog zu: Buch der Ruhe und der Stille. Herder, Freiburg i. Br.: 17.3.–20.3.

Vortrag bei der Sommerakademie der Einherz-Gemeinschaft, Med. Univ. Wien, 2011: 6.1., 14.1., 18.1., 20.1., 21.1., 23.1., 25.1., 21.2.. 22.2., 8.3., 22.3., 23.3., 28.3.–30.3., 9.4., 23.4., 25.7.–29.7.

Interview mit Rudolf Walter für „einfach leben“: 11.1., 16.1., 17.1., 29.1., 5.4., 3.7., 6.7., 15.7., 18.7., 23.7., 31.7., 1.8., 4.9., 19.11., 30.12.

Interview mit Lorenz Marti für Radio DRS: 19.1., 10.2., 11.2., 13.2., 14.2., 5.6., 2.7., 2.8., 4.8., 5.8., 12.8., 23.8., 5.10., 7.10., 8.10., 26.10.–28.10., 26.11., 27.11., 29.11., 23.12.

Gespräch mit Ch. Spannbauer, in: Visionen 3/2009: 22.1., 9.3., 24.6., 25.6., 29.9., 9.10.

Fülle und Nichts. Von innen her zum Leben erwachen, Herder, Freiburg i. Br. 2013: 23.2., 6.8., 10.8., 11.8., 25.10.

Achtsamkeit des Herzens. Herder, Freiburg i. Br. 2011: 26.1., 30.8.

Wege zum Glücklichwerden, Vortrag vom 14. November 2012, Große Universitätsaula Salzburg: 12.2., 15.2., 8.4., 10.4., 1.7., 4.7., 5.7., 7.7., 10.7., 14.9., 21.9., 10.10., 11.10., 13.10.–22.10., 30.10., 9.11.

Wie das Göttliche in uns wächst. Vortrag beim Int. Kongress für Systemaufstellungen 2005: 26.2., 26.6., 28.6., 30.6., 2.10., 3.10., 31.10.

„Dankbarkeit im Jetzt – Gespräch mit Roshi Joan Halifax" 12.3.2008 in Santa Fé: 27.2.

„Lied der Dankbarkeit" in „Essential Writings" 2010 © Clare Hallward und David Steindl-Rast. Übersetzung Eve Landis: 1.3., 30.9.

Gratefulness, the Heart of Prayer: 2.3., 25.11.

Der Mönch in uns © A Network for Grateful Living. Übersetzung Eve Landis: 5.3., 1.4., 9.5., 10.5., 31.5., 3.6., 8.6., 28.9.

Aus: Die Augen meiner Augen sind geöffnet © Herder: 6.3., 13.6.–15.6., 3.8., 24.9., 12.11., 13.11., 28.11.

Aus: Mystik – Erfahrung des Ewigen. P. Willigis Jäger zum 80. Geburtstag, Hg. von P. Lengsfeld, Herder, Freiburg i. Br. 2005: 24.3.–27.3., 15.4., 25.4.–27.4., 26.5.–30.5., 29.6.

Aus: „Br. David – ein Portrait" in „Essential Writings" von Clare Hallward © Clare Hallward und David Steindl-Rast. Übersetzung Eve Landis: 31.3., 1.5., 27.6.

Vortrag zur Vorstellung des Credo-Buches in der Katholischen Akademie München: 2.4., 3.4., 6.4., 12.9., 31.12.

„Kurier“ 31.3.2012: 4.4.; „Kurier“ 7.6.2012: 26.8.

„Eng ist der Weg“ © A Network for Grateful Living. Übersetzung Eve Landis: 7.4., 9.12.

„Learning to Die“ © A Network for Grateful Living: 10.11., 14.11.–16.11.

Vortrag „Religion, Spiritualität und Energiezukunft“: 2.5.

„Den Großen Tanz beten“ © A Network for Grateful Living. Übersetzung Eve Landis: 11.5., 12.5., 7.6., 31.8.,

Interview im ORF 2/2009: 11.6.

„Questions about Gratefulness“ © A Network for Grateful Living. Übersetzung Eve Landis: 16.6., 1.11.

„Wir – Menschen im Wandel“ 2013. dankbarkeit.org © A Network for Grateful Living: 17.6.

„Sakramentales Leben: Zieh deine Schuhe aus“. dankbarkeit.org © A Network for Grateful Living. Übersetzung Eve Landis: 18.6., 4.10., 22.11., 11.12.

Ein neuer Grund für Dankbarkeit © A Network for Grateful Living: 1.9., 23.9.

„Awake, aware, alert“ © A Network for Grateful Living. Übersetzung Eve Landis: 8.8.

Ostergedanken 2011: 19.4., 20.4.

Sommergruß 2012: 24.2., 24.8., 25.8.

Weihnachtsbrief 2009: 2.9., 13.9., 24.12.

Weihnachtsbrief 2011: 19.12., 20.12., 26.12., 29.12.

Weihnachtsbrief 2012: 13.12., 17.12., 18.12., 22.12., 27.12.

Alle anderen Texte aus mündlicher Quelle oder eigens für diesen Band verfasst.

© dankbar-leben.org

David Steindl-Rast, geb. 1926 in Wien, wo er Kunst und Anthropologie studierte und im Fach Psychologie promovierte. 1953 trat er in den USA einem kontemplativen Zweig des Benediktinerordens bei. Er hat Brücken zwischen christlicher Spiritualität und östlicher Weisheit geschlagen; durch sein interdisziplinäres, soziales Engagement trägt er zu Verständnis und Frieden auf der Welt bei. Er teilt heute seine Zeit zwischen Klosterleben und Vortragsreisen und widmet sich der Webseite www.gratefulness.org.

Veröffentlichungen bei Herder u. a.: Musik der Stille; Fülle und Nichts; Die Achtsamkeit des Herzens; Credo. Ein Glaube, der alle verbindet.